모든 순간의 철학

모든 순간의 철학

초판 1쇄 발행 2017년 11월 15일

지은이 | 박남희
펴낸이 | 조미현

편집주간 | 김현림
책임편집 | 김호주
디자인 | 정은영

펴낸곳 | (주)현암사
등록 | 1951년 12월 24일 · 제10-126호
주소 | 04029 서울시 마포구 동교로12안길 35
전화 | 02-365-5051 · 팩스 | 02-313-2729
전자우편 | editor@hyeonamsa.com
홈페이지 | www.hyeonamsa.com

ISBN 978-89-323-1878-3 03100

모든
순간의
철학

박남희 지음

일상을
바꾸는

새로운 시선

현암사

차례

II.   내가 알고 있는 것이 사실일까   생각에 대하여

III.   살며 사랑하며 상처받으며   감정과 관계에 대하여

IV. 사람은 무엇으로 행복한가 <small>인생과 행복에 대하여</small>

V. 누구를 위한 자리인가   사물과 소유에 대하여

VI. 우리가 바라는 미래 사회와 실천에 대하여

사유하기에
존재하는 것이라면

너무 더워서 견디기 힘들었던 시간이 언제였던가 싶을 만큼 벌써 바람이 서늘하다. 시간은 이처럼 빠르게 지나가는데 우리 생각은 늘 늦다. 그래서일까. 우리는 늘 허둥대고 바둥거린다. 사유하기에 존재한다는 명제는 그냥 명제일 뿐, 우리는 생각 없이 늘 시간에 쫓기고 일에 치여 산다. 어쩌면 우리 사유의 속도와 시간의 흐름의 간극이 점점 벌어져서 깊어진 것, 그것이 오늘 우리가 당면한 문제들의 원인은 아닐는지. 조금 더 천천히, 조금 더 여유 있게, 조금 더 생각할 수 있다면, 지금과는 다른 삶을 살 수도 있을까.

그러나 기술 발달은 삶의 여유보다는 오히려 시간을 연장하고 공간을 확대하면서 이전과는 비교할 수 없을 정도로 삶을 가속화하고 문제들을 심화한다. 이에 사람들은 어디로 왜 가는지 묻고 생각할 틈도 없이 그저 물질을 벌고 쓰기 위해 내달리고, 이로 인해 생겨난 문제들 역시 해소되기는커녕 단지 이월되고 증대되고 있을 뿐이다.

그래서일까. 아주 오래전부터 통찰력과 혜안을 가진 철학자들이 이런 삶이 아닌 사유하는 삶을 이야기하는 까닭이. 그들은 하나같이 사유하는 삶이야말로 우리가 온당히 살아가는 바람직한 길이라 한다. 물질로부터 일정한 거리를 두고 모든 것을 관조할 것을 강조하는 피타고라스부터 영혼의 선재先在를 이야기한 소크라테스, 이데아의 세계를 내세운 플라톤, 논리적 사유를 제시한 아리스토텔레스는 물론이고, 초월적 세계에 대한 신앙을 강조한 중세의 아우구스티누스와 토마스 아퀴나스, 사유를 통해 모든 것을 다시 설명하고자 하는 근대의 데카르트, 칸트, 헤겔, 그리고 서로 다른 사유의 다양성을 제시하는 현대의 니체, 후설, 하이데거, 가다머, 사르트르, 아렌트, 푸코, 데리다, 들뢰즈에 이르기까지 셀 수 없이 많은 이들이 모두 '사유'에 대해 이야기한다. 때로는 물질보다 비물질적인 것에 가치를 부여하고, 이에 따른 선악을 논하며, 정신에 의한 물질의 지배를 당연시하고, 영혼으로 정신으로 이성으로 끊임없이 이름을 달리하면서 사유의 중요성을 말한다.

이는 우리가 사유하기에 존재하며, 사유함으로써 살아갈 수 있는 사람이기 때문이리라. 그럼에도 우리는 사유하기의 중요성을 망각하고 그저 빨리 내리달리는 목적론적 삶에 집착하거나, 성과주의에 매몰되고, 경쟁 체제에 갇혀 산다. 그것이 지금 우리가 처한 문제이자 모든 문제의 원인이기도 하다. 더 이상은 앞으로 나갈 수도 없는 막다른 길에 서 있는 우리, 그 이유가 바로 사유의 부재 때문이라 한다면 사유함으로써 새로운 길을 찾아보는 것이 마땅하다. 그럼에도 우리는 사유하는 일에 대해 정말 무지하고 이를 경시한다. 우리의 정체성이 사유함에 있고, 그래서 사유를 통해 길을 가야 하는 것이 마땅하다면, 남녀노소 누구나 사유할 수 있도록 사유하는 힘을 익히고 배양하는 기회를 제공해야 한다. 그것이 어린이부터 어르신에 이르기까지, 그리고 우리가 살아가는 모든 순간에 철학이 필요한 이유이며 철학 교육이 행해져야 하는 이유이다.

특히 특정 행동 양식이 형성되기 전 먼저 사유하는 방법을 익힌다면 보다 힘 있는 삶을 살아갈 수 있다. 그런 의미에서 철학은 어린 나이에 더더욱 필요하다고 하겠다. 기기에 익숙해지기 전에, 소비에 노출되기 전에 사유하는 힘을 먼저 기른다면, 어떤 일에 단순히 매몰되거나 부림을 당하거나 자만하거나 특정한 것만을 옳다고 여기는 독단에 빠지지 않을 수 있다. 경제와는 무관할 것 같은 철학이 경제적 효율성이 가장 클 수도 있는 이유다. 유대인의 탈무드 교육은 바로 이러한 교육의 실례가 되지 않을까. 물고기를 주는 것이 아닌 물고기 잡는 방법을 일러줌으로써 모든 일에 대처할 힘을 갖게 하는 교육, 사유하지 않고는 제대로 살 수 없는 세상에서 우리도 아이들에게 철학을 교육해야 한다.

철학은 여유 있는 사람들의 한가로운 정신적 유희가 아니다. 철학은 마주하는 현실 앞에서 무엇을 어떻게 해야 하는가를 스스로 묻고 답해나가는 일이다. 자신이 있는 자리에서, 자신이 처한 현실을, 자신이 이해하는 만큼, 자신의 언어로, 자기와 다른 사람들과 나누는 일이 철학이다. 그러한 면에서 철학은 가장 쉽고 가장 명료하게 이야기할 수 있어야 한다. 마치 어린아이가 세상을 향해 던지는 말처럼 진솔하고 정직하게 세상에 대해 말할 수 있어야 한다. 그러한 사람이 가장 유능한 철학자라 할 수 있다.

오늘 한 사람의 철학자로 살아갈 수 있도록 길을 열어준 나의 선생님들께 이 글을 통해 깊은 감사를 드린다. 먼저 나를 낳고 키워주신 부모님, 그리고 먼저 그 길을 사랑하며 용기 있게 걸어갔던 둘째 언니와 초등학교 5학년이었던 내게 하이데거를 소개해주신 노남도 선생님, 그리고 내 조국의 모든 자연과 역사, 사람들, 글로 만난 멋진 이들과 나의 아이 한나와 우람이, 그리고 손녀 하은이, 그들이 모두 나의 선생들이다.

박순영 교수님, 윤동주 선생, 큰형부, 작은형부는 물론 내 수업에 함께한 제자들 모두. 이정은, 최명은, 주미영, 이충현, 김미옥, 조준형 선생을 비롯하여 정대성, 서동은, 심상우, 이연도, 박승현, 남평오, 이숙재, 김승란 선생 등 정말 많은 분들에게 오늘도 배우고 있다. 또 더 나은 세상을 만들기 위해 애쓰다 유명을 달리한 서울역 광장의 많은 이들과 살아가며 스치듯 만나 인사를 나누고 이야기를 나누었던 이들 또한 분명 나의 선생이었다.

끝으로 이 책이 나오는 데 많은 도움을 주신 현암사의 여러분들께도 감사를 드린다. 모쪼록 이 책이 독자들에게 삶에 대해 다시 한번 사유하는 계기가 되길 바란다.

I.

사람은
어떻게
만들어지는가

나 자신과 인간에 대하여

모든
순간의
철학

사람은 태어나는 것인가, 만들어지는 것인가

사르트르, 실존주의는 휴머니즘이다

"삶이란 B와 D 사이의 C이다."

– 장폴 사르트르

연말에는 언제나 인사이동 기사가 언론을 타고 전해진다. 그중에는 기업 사주의 자녀가 임원으로 초고속 승진하는 기사가 꼭 끼어 있다. 자본주의 사회의 한계라 하지만 한편으로는 신분제를 타파하고 자유와 평등을 실현코자 한 근대가 들어선 지 수 세기가 된 지금에도 여전히 해소되지 않는 사회의 불공평함에 때론 무력감이 밀려오기도 한다. 그래서 우리는 이야기하곤 한다. 행복은 부유한 집안, 사회적 지위를 가진 부모, 좋은 환경과 여건을 가지고 태어나는가에 달려 있지 우리 노력으로 이룰 수 있는 것이 아니라고. 우리의 삶은 이미 정해져 있지, 우리가 만들어갈 수 있는 것이 아니라고 말이다. 그런데 정말 그렇다면, 우리의 노력이 정말 무의미하다면, 우리는 어떻게 살아가야 하나. 도대체 우리는 무엇에 근거하여 삶의 의미를 찾고 존재성을 이야기해야 할까.

사회는 많은 면에서 불평등하고 부정의하고 부자유하다. 기회조차도 없는 대다수의 사람들은 상대적 박탈감을 느끼며 희망 없는 미래 때문에 삶의 의욕을 상실하기도 하고 또 한탕주의의 유혹에 빠지기도 한다. 그렇다면 세상은 왜 이리 불평등하고 부자유할까. 이것은 비단 우리만의 물음이 아니다. 어느 시대 어느 사회를 막론하고 사람들은 자신이 목도하는 차이와 차별을 이야기하며 이를 극복하고자 노력해왔다. 비록 시대와 공동체에 따라, 그리고 개인의 입장에 따라 표현이 다르고 강조하는 바가 다르기는 하지만 사람들은 왜 자신이 남과 다르고 차별을 받아야 하는지 그 나름대로 묻고 답하며 이 문제를 해결하려는 다양한 시도를 해왔다.

그중 한 사람이 프랑스의 철학자 장폴 사르트르(Jean-Paul Sartre, 1905-1980)다. 그는 "사람은 태어나는 것이 아니라 만들어진다"라고 분명하고 확실하게 말한다. 사람은 다른 생명체와 달리 사유하는 까닭에 주어진 대로가 아니라 스스로 만들어 살아간다는 것이다. 사르트르는 이를 논증하기 위해 사람을 사유하는 주체와 그렇지 않은 객체로 구분한다. 사유하지 않고 그냥 살아가는 자연적 존재를 즉자적卽自的 존재라 하고, 사유를 매개로 하여 자신의 삶을 늘 달리 만들어가는 힘 있는 주체를 대자적對自的 존재라 하는데, 둘 가운데 깨어 있는 의식을 통해 자신의 삶을 만들어가는 힘 있는 주체인 대자적 존재야말로 실제로 존재하는 참된 존재, 실존이라 한다. 사유를 통해 자신의 삶을 스스로 일궈가는 실존이야말로 참다운 사람이라는 것이다. 자신이 누구인지 어디에서 무엇을 하며 살아가는지를 물으며 자신의 삶을 능동적으로 만들어가는 실존이야말로 참된 주체라 하며 사르트르는 "실존은 본질에 앞선다"라고 이야기한다. 그리고 말한다. "삶이란 B(Birth, 탄생)와 D(Death, 죽음) 사이의 C(Choice, 선택)" 라고.

사르트르의 이 말은 우리는 늘 무엇을 어떻게 해야 하는가 생각하며, 선택하며, 행한다는 뜻이다. 삶이란 그저 주어지는 것이 아니라 자신이 생각하고 선택하여 만들어가는 것으로, 사람은 태어나는 것이 아니라 자기가 처한 현실 안에서 무엇을 어떻게 할 것인가를 고심하며 선택하면서 스스로 만들어가는 존재라는 말이다. 바로 여기에 다른 생명체와 다른 인간의 존엄성이 있다며, 사르트르는 이런 자율적 행동들의 총체를 사람이라 한다. 사람은 사유하기에 이에 따른 선택을 하며 구체적으로 행동을 하는 자유인이라는 것이다.

생각하며 행동하는 자유로운 주체들에 의해서 이루어진 사회야말로 건강한 사회라고 할 수 있다. 사회가 저절로 이루어지는 것이 아니라 어떤 사람들이 어떤 생각과 어떤 의지를 가지고 조직하는가에 달려 있다면, 우리가 불평하는 사회도 결국은 우리가 만들어낸 사회라는 이야기가 된다. 그렇다면 묻지 않을 수 없다. 불평만 할 것인가, 아니면 우리가 원하는 사회로 변화시킬 것인가. "행동하지 않는 자 지성인이 아니다"라며 자유와 평등의 정신을 자신들의 공동체에 구체적으로 실현하고자 애쓰는 이들은 주어진 대로가 아니라 언제나 새롭게 만들기 위해 사유하며 결단하며 행동한다. 말이 아니라 행위로, 강제가 아닌 자유로운 선택과 결단을 통해서, 그리고 이에 따른 책임을 다른 누구에게 묻는 것이 아니라 바로 자신에게 물으며 자신들의 삶과 공동체를 만들어간다.

오늘날 가장 자유로운 사회로 자타가 공인하는 프랑스는 바로 이러한 태도가 있기에 가능한 것이 아니겠는가. 프랑스인들에게는 바람직한 공동체를 만드는 이도 나요, 그 책임을 지는 이도 나라는 대단한 주체의식, 사회를 이루고 만들고 변혁시키는 이도 나라는 근엄한 자긍심, 바로 이럴 때에만 나는 나로 존재하는 존재 의미를 가진다는 기막힌 자존감이 있다. 그러면 우리는 무엇으로 주체의식과 자긍심과 자존감을 이야기할까. 가진 것으로? 아니면 우리를 그들처럼 만들어갈 것으로?

바둑을 둘 때는 잘 두는 사람이 아닌, 잘 못 두는 사람이 미리 여러 점을 깔고 시작한다. 혹시 우리의 삶도 잘 못할수록 많은 돌을 먼저 두게 하는 바둑과 같은 것 아닐까. 그들이 우리보다 많이 가지고 태어난 것은 그들이 잘나고 훌륭하고 선택받아서가 아니라 우리보다 삶의 기술이 부족하여 바둑에서처럼 다른 요소들이 미리 주어진 것이라 한다면 지나친 망상일까. 부족한 것은 우리가 아니라 저들이며, 우리는 저들보다 삶의 기예kunst가 뛰어나 저들보다 적게 갖고 삶을 시작하는 것이라 한다면 자기기만일까. 삶은 서로 다른 몸무게를 가진 사람들의 시소 놀이와 같이 앞으로 뒤로 움직이며 불평등하고 불공정한 문제들을 시정해나가는 일련의 운동이라 한다면, 누가 무엇을 많이 가졌는가가 아니라 너무도 공평한 삶과 죽음 사이에서 누가 무엇을 어떻게 하며 있는가가 진정 삶을 결정하는 것이라 해야 하는 것 아닐까.

그것이 존재하는 것을
어떻게 알 수 있을까

버클리, 존재와 지각

> "우리가 실체라고 말하는 것은
> 단지 감각들의 복합체일 뿐이다."
> — 조지 버클리

세상에 수없이 많은 사람들이 있지만 나와 가족을 이루고 친구가 되고 동료가 되는 특별한 사람들이 있다. 그런 인연은 억겁을 돌아야 겨우 이루어진다 하니, 나와 같이 삶을 나누고 만들어가는 모든 이들이 귀하고 소중하지 않을 수 없다. 잘하든 못하든 나와 만나 사랑하고 미워하며 일하고 있는 이들 모두가 그 긴 여정을 돌아 지금 나와 마주하고 있다니 그 하나만으로도 충분히 감격스럽고 신비스럽다.

그래서인가 내게 허락된 모든 것들이 예사롭게 느껴지지가 않는다. 지금 이 시간, 이 공간, 그 사이를 흐르는 바람과 빛들이 이 모든 연들을 실어 나르는 것이겠지. 어쩌면 세상은 이런 생명의 흐름일지 모른다. 저 바다 깊이, 저 하늘 높이, 저 우주 멀리, 세상은 온통 갖은 생명들로 그득한 것이겠지. 어쩌면 우주 자체가 생명일지도 모른다.

그런 광대한 우주 안에 나로 있다는 사실, 그것만으로도 우리는 얼마나 대단한가. 그런 광활한 우주 속에 있는 나는 또 얼마나 미미하기도 한가.

그런데 나로 있고 너로 있다는 것은 무엇을 뜻하는가. 김춘수의 시 「꽃」에서 "내가 그의 이름을 불러주기 전에는 / 그는 다만 / 하나의 몸짓에 지나지 않았다. // 내가 그의 이름을 불러주었을 때 / 그는 내게로 와 / 꽃이 되었다"라는 시구처럼, 내가 나이고 너인 것은 나와 너로 불리기 때문인가. 무엇으로 존재한다는 것은 원래 그러한 실체가 있어서가 아니라 우리가 그것을 그렇게 인지하고 부르기 때문인가. 마치 신이 세상을 '말씀으로 창조'했다고 하듯 우리가 그렇게 말하기에 비로소 꽃이 되고, 사람이 되고, 네가 되고, 내가 된 것은 아닌가. 내가 한나이고 우람이인 것은 이름을 그렇게 지은 까닭인가, 한나와 우람이가 아니고 재현이로 주현이로 이름을 달리 지었다면 나는 재현이와 주현이인가. 나와 이름은 도대체 어떤 관계인가.

다소 생경스럽게 들리기도 하는 이 물음은 실은 오래된 서양 사유의 전통 안에 이어져오는 물음이다. 자연 시대에는 실재로, 고대에는 진리로, 중세에는 믿음이란 이름으로 물음을 전개했다면 근대에는 인식의 문제로 이를 다시 물어나간다. 그 대표적 인물이 근대 아일랜드 출신의 성직자 조지 버클리(George Berkeley, 1658-1753)다. 그는 1709년에 쓴 『신시각론 *An Essay towards a New Theory of Vision*』에서 우리가 지각하지 않는 사물이란 존재한다고 할 수 없다며 "존재한다는 것은 지각된 것"이라 한다.

그에 따르면 세상에는 무수히 많은 생명이 있지만 우리가 아는 것은 다만 우리 인식의 범위 안에 있는 것뿐이다. 우리는 우리 인식 안에 들어오는 것을 이런저런 이름으로 언명하며 마치 그것이 실체로 존재하는 것처럼 여긴다. 그러나 우리가 실체라고 여기는 것은 단지 감각들의 복합체일 뿐이다. 이는 우리가 경험적 분석을 하지 않고 이성적 판단을 하기 때문이라 한다. 그런 면에서 버클리는 사람들이 과학을 한다 하지만 실은 형이상학을 하고 있다고 한다.

사람들이 믿고 있는 실체는 실재하는 것이 아니라 단지 추상관념에 지나지 않는다는 것이다. 다시 말해 우리가 이렇게 저렇게 이야기하며 존재한다고 여기는 것들은 실은 사물로 존재하는 것이 아니라 감각된 성질들로 이루어진 하나의 관념일 뿐이라며, 버클리는 관념이야말로 이런저런 사물을 낳는다고 한다. 우리가 무엇을 인식하는 정신의 작용이 사물을 있게 하는 것이지, 사물이 우리 관념을 낳는 것이 아니라 하는 것이다.

버클리는 그러나 자연에 있는 사물이나 그것을 이루는 질서까지 부인하지는 않는다. 우리가 그것을 지각하지 않아도 그것은 우리 정신 외부에 존재하듯이 그것은 나의 지각과 관계없이 존재하기에, 나의 정신 외에 또 다른 정신을 상정하는데 그것이 곧 '신'이다. 그에게 신은 모든 사물을 인지하고 있는 전지전능하며 영원한 정신으로, 모든 자연의 법칙이자 모든 사물의 원인이다. 그렇기에 사물은 신에 의존하기 마련이라 한다. 버클리는 이와 같이 인간의 정신이 감각적 경험을 추론하며 추상관념은 그에 대응하는 실재를 갖는다는 기존의 주장과는 전혀 다른 차원에서 유물론과 회의주의가 가지는 모순을 '정신으로서의 신의 실재'를 주장하며 극복하고자 한다.

이러한 주장은 어떻게 보면 매우 비현실적인 것 같지만 또 가장 현실적이기도 하다. 왜냐하면 우리는 실제로 우리 인식 범주 안에 들어오지 않는 것을 도무지 알 수 없기 때문이다. 우리는 우리가 추론하고 사유할 수 있는 영역 안에서 이렇게 저렇게 말하고 질서 지우고 논할 뿐이다. 그런 의미에서 존재한다는 것은 그것을 우리가 인지하고 언사할 때, 다시 말해 정신 작용을 할 때 비로소 존재한다고 말할 수 있다.

"내가 이름을 불러줄 때야 그는 비로소 꽃이 되었다"라고 말하는 시인의 고백처럼 내가 그를 향해 정신 작용을 할 때, 그때 비로소 그것은 그 어떤 무엇으로 존재하는 것이라는 이 말의 엄청난 비밀(?)에 따르면, 신만이 아니라 우리도 그러한 면에서 세계를 창조하며 있는 것은 아닐까. 말씀으로 세상을 창조한 신처럼 우리도 사유로, 관념으로, 언어로 세계를, 삶을, 나를, 존재를 만들어가고 있는 것이 아닌가. 인터넷, 사이코패스, 웰빙 같은 새로운 말들을 사용하면서 말이다.

거대한 힘이
나를 덮쳐올 때

푸코, 나는 어떻게 오늘의 나가 되었는가

> "우리는 우리를 조용히 혹사하는 체제를 웃음거리로 만들고,
> 실체를 폭로하고, 그것을 변화시키고, 전복해야 한다."
> — 미셸 푸코

언제부터인가 범인을 검거하는 데 결정적인 역할을 CCTV가 하고
있다. 이제는 모든 사건에 필수적으로 등장하는 CCTV, 그만큼 카
메라가 설치되지 않은 곳이 드물다. 아파트 입구, 엘리베이터 안, 주
차장, 자동차만이 아니라 백화점, 상점과 뒷골목, 회사, 유치원, 병
원, 관공서 등 어디를 가도 감시 카메라가 없는 곳이 없다. 신의 눈
을 피할 곳이 없는 것이 아니라 이제는 카메라의 눈을 피할 곳이 없
을 만큼 어디에서나 CCTV가 우리를 지켜보고 있다. 덕분에 쓰레기
를 투기하는 사람, 남의 물건을 훔친 사람, 이유 없이 폭력을 행사하
고 음주운전을 하고 뺑소니를 친 사람 등을 쉽게 검거할 수 있는 것
이 사실이다. 그러나 달리 생각하면 우리 모두가 감시의 대상이라는
점, 즉 익명의 범죄자, 아직은 아닌 그러나 가능성이 있는 자로 여겨

지고 있다는 사실 또한 간과할 수 없다.

모든 것이 드러난다는 것은 사적 영역이 사라짐이요, 편리한 만큼이나 자유가 제한되는 일이다. 그렇기에 누군가 이를 악용하려 든다면 제어할 방법이 없다. 언제 누가 무엇을 어떻게 활용하는지 우리는 알 수 없기 때문이다. 그럼에도 사회는 점점 더 조밀하게, 점점 더 발달된 기기로 모든 것을 감시하고 통제해간다. 빅데이터란 이름으로 자료를 수집하고 통합하며 모든 것을 규정, 조정해가는 사회가 된 것이다. 이를 장치한 사람도 예외가 아니다. 사회는 하나의 거대한 기계가 되어 우리를 검열하고 감시하고 교정하며 지배해간다.

유대계 프랑스 철학자 미셸 푸코(Michel Foucault, 1926-1984)는 그런 사회에서 우리가 과연 행복할 수 있는가를 묻는다. 그는 사회 안에서 작동하는 거대한 힘에 저항할 수 있어야 개인의 권리와 자유를 지킬 수 있다며, 기존의 체계 안에 갇힐 것이 아니라 우리에게 일방적으로 가해지는 것들에 과감하게 저항할 것을 주창한다. 그러지 않는다면 우리는 한갓 거대한 감옥에 갇힌 죄수에 지나지 않는다는 것이다. 그러므로 무의식처럼 가려지고 은폐된, 그러나 우리 삶 속에서 지속적으로 작동하는 이런 힘들에 저항할 수 있어야 한다고 푸코는 이야기한다.

이를 위해 푸코는 우리가 당연하게 받아들이는 서양 사유의 여러 전제들에 의문을 제기하며, 고고학과 계보학적 방법으로 개인의 삶과 사회구조 안에서 이런 힘들이 어떻게 다루어지고 있는지 면밀히 고찰한다. 시대를 넘어 형태를 달리하며 이어져오는 지배 권력들,

그리고 이를 가능하게 하는 학문 체계들과 도덕들이 어떻게 서로 관계하면서 우리를 체계적으로 지배해왔는지 그 실상을 낱낱이 폭로하는 것이다. 특히 그는 인식과 실천, 그리고 문화를 가능하게 하는 숨겨진 질서, 즉 담론적 실천들을 결합시키는 관계들의 총체인 '에피스테메épistème'를 집중적으로 파고들어 그것이 가지는 폭력성을 면밀하게 파헤친다. 시대의 지배적 관념이란 단지 그 시대의 권력, 지식에 연계된 하나의 사물에 지나지 않는다며, 푸코는 그것들이 근거로 내세우는 정당성과 타당성의 틀을 전복한다. 그리하여 권력과 지식, 그리고 윤리가 그 시대 사회구조와 어떻게 관계하면서 재생산되고 확대, 강화하며 사람들을 통제하는지를 『말과 사물Les mots et les choses』, 『지식의 고고학L'archéologie du savoir』, 『성의 역사Histoire de la sexualité』, 『감시와 처벌Surveiller et punir』 등에서 자세히 논증해 보인다.

권력이 만든 틀로 정상과 비정상을 나누고 감시와 처벌을 하는 것과, 성을 억압하는 모든 것들로부터 벗어나 새로운 행위의 도덕적 주체가 될 것을 촉구하는 푸코는 철학의 목적을 자기 자신으로부터 벗어나는 일탈이라 하면서 자기 안에서가 아니라 '밖으로부터 사유'할 것을 주장한다. 밖으로부터 사유함으로써 '나는 어떻게 오늘의 내가 되었는가' 하는 주체의 형성사를 재구성할 수 있어야 한다는 것이다. 그러지 않을 경우 조란 무지치가 "우리가 마지막이 아니었다"라고 탄식하듯 제2차 세계대전의 가스실과 같은 악몽은 언제든 재현될 수 있다. 우리가 우리 됨의 사유를 놓치면 언제든 다른 것들이 나를 대신하려 할 수 있는 것이다. 이 같은 '주체의 문제화', 즉 '주체의 역사적 형성'을 '역사적 존재론'이라 한다.

이는 사회의 기존 틀을 거부하고 반反역사적이고 반反이성적이며 반反체계적인 생명의 본능과 같은 힘, 즉 파토스에 의한 삶을 새로이 갈구하는 것으로, 이전부터 전해오는 서구의 합리적 진리 개념으로가 아니라 그것들이 형성된 역사적 과정, 다시 말해 그 틀의 형성을 문제시하면서 지식과 권력과 윤리가 어떻게 우리를 지배해가는지를 밝히는 것이다. 이와 같은 푸코의 태도를 '진리의 정치사'라 한다.

푸코는 그동안 철학이 추구했던 '~는 ~이다'라는 바로 그 틀, 그 구조 밖에서 그것이 그것으로 고백되는 바로 그 까닭을 문제 삼는다. 그것을 그것이게 하는 바로 그것이야말로 그 시대의 특정 사상, 즉 사회적 역사적 구성물이다. 종교, 학교, 경찰, 보건, 도덕, 지식, 성, 결혼, 제도 등 모든 영역에서 작동되는 힘을 볼 때 우리는 그 틀을 넘어서 새롭게 창조적으로 자신의 주체성을 윤리적으로 형성해가야 한다.

흔히 인류의 역사가 개인의 자유와 권리를 신장하는 방향으로 진행되어왔다 하지만, 푸코가 볼 때는 더 발달된 기술과 방법으로 사람들을 감시하고 통제하게 되었을 뿐이다. 사람은 자신이 갇혔다는 사실을 인지조차 못 하고 있다. 그렇기에 당연히 이에 저항할 힘도 갖지 못한다. 이런 면에서는 오히려 인간의 자유와 권리가 이전보다 훨씬 퇴보했다고 볼 수 있다.

그의 말대로 지구 밖으로 쏘아 올린 인공위성이 365일 잠시도 쉴 틈 없이 우리를 감시하는 사회, 그로 인해 우리를 더욱 쉽게 관리 통제하는 사회에서 우리는 과연 자유로운 존재라 할 수 있는가. 그런 이유로 푸코는 우리가 살고 있는 이 세상, 지구를 벤담의 말을 빌려 원형 감옥이라 부른다. 우리 모두는 지구라는 감옥에 갇힌 죄수라는 것이다. 그렇다면 우리의 죄목은 무엇일까. 사유하지 않는 죄, 인지하지 못한 죄, 그래서 저항하지 못한 죄인가.

감당할 수 없는 거대한 힘, 즉 조직의 이름으로 부정을 강요하고, 다수의 논리로 불의를 정의라 하며, 보상을 약속하며 나를 회유하고, 전통과 관습의 이름으로 무조건적으로 복종할 것을 요구할 때 과연 나는 이에 저항할 수 있을까. 우리는 그런 힘으로부터 정말 자신을 지켜낼 수 있는가. 특히 점점 더 기계화되어가는 사회에서 무엇으로 나 자신을 지킬 것인가. 분별조차 없이 이내 습관화해버린 우리들과 달리 부도덕한 힘에 굴하지 않고 소신을 지켜나간 사람들, 온갖 고문에도 뜻을 굽히지 않았던 이들이 있었기에 세상은 가능하고 유지되어온 것 아닐까. 그런 이들의 올곧은 정신과 희생이 유난히 위대하게 생각되는 날, 우리는 우리의 하여야 할 바를 남에게 떠넘기고 이다음으로 이월시키고 무임승차한 죄를 고백해야 할 것 같다.

너무도 평범한
악의 얼굴

아렌트, 악은 어디에서 오는가

"어떤 것이 옳고 그른지 생각하지 못하는
무능함이 악의 원천이다."

– 한나 아렌트

뉴스를 보면 사건의 끔찍함에 놀라고, 또 가해자의 지극히 평범한 얼굴에 한 번 더 놀란다. 그토록 잔혹한 사건을 저지른 사람의 모습이라고는 믿기지 않는 너무도 평범한 모습에 우리는 당혹스럽기까지 하다. 혹시 겉으로는 안 보이는 다른 모습이 있지 않을까 하지만 별다른 점을 찾지 못할 때 왠지 모를 정체불명의 낙심(?)에 휩싸이기도 한다. 그리고 이제 나쁜 사람과 좋은 사람을 구별할 수 없으며, 더욱 그런 사람이 따로 있지도 않다는 사실 앞에서 어쩌면 그 사람이 바로 자신이 될지도 모른다는 두려움에 휩싸이기도 한다.

누구도 믿을 수 없는 세상, 부인하고 싶지만 전적으로 부인할 수만은 없는 현실 앞에서 "사람들에게 잘해라"가 아닌 "사람을 조심해라", "그 누구도 믿지 마라"라고 해야 하는 현실. 그런데 왜 우리는 나쁜 일을 하는 사람은 우리와 다른 모습일 것이라 여기나. 그것은 아마도 나쁜 일을 하는 사람은 따로 존재할 것이라는 막연한 믿음이 우리를 지배하고 있기 때문이 아닐까. 그들을 격리하고 배제하면 모든 문제가 해소될 것이라 생각하면서 말이다. 그런데도 왜 세상은 왜 좋아지지 않고 점점 더 험악한 범죄가 늘어만 갈까.

독일에서 태어나 미국으로 건너간 유대인 여성 철학자 한나 아렌트(Hannah Arendt, 1906-1975)는 바로 이러한 문제를 심도 있게 파고든다. 놀랍게도 그녀는 악이란 따로 있는 것이 아니라 우리의 일상성 안에 지극히 평범한 모습으로 있다 한다. 그러면서 이런 주장의 예로 나치 전범 아돌프 아이히만을 든다. 나치 치하에서 유대인 학살을 진두지휘했던 오토 아돌프 아이히만은 1960년 아르헨티나에서 체포된 후 예루살렘으로 이송되어 전범 재판을 받는다.

이때 참관인 자격으로 재판 과정을 지켜본 아렌트는 우리가 뉴스를 보며 놀라듯 아이히만을 보고 놀란다. 법정에서 마주한 아이히만은 냉혹한 살인마도, 피의 광기에 물든 미치광이도 아닌, 주변 어디서나 쉽게 마주치는 이웃의 모습을 하고 있었기 때문이다. 600만 유대인을 학살한 사람이라고는 도저히 믿기지 않는 아주 평범한 초로의 중년 남성의 얼굴을 한 그는 책임감 있고 자상한 가장이었으며 더없이 성실한 사회인이기도 했다. 더욱이 유대인 학살에 대해 '그저 명령에 따랐을 뿐'이라고 당당하게 말하는 아이히만의 모습을 지켜본 아렌트는 도대체 악이란 무엇이며, 어떻게 발생하는가에 대해 고심한다. 이 고민의 끝에 작성한 보고서가 『예루살렘의 아이히만 *Eichmann in Jerusalem*』으로, 1963년 단행본으로 출간되었다.

아렌트는 이 책에서 '악의 평범성'과 '사유하지 않는 죄'에 대해 이야기한다. 아이히만은 사람들이 생각하듯 악마와 같은 희대의 살인마가 아니라 지극히 평범한 사람이라는 것이다. 그녀가 볼 때 그는 정신 상태도 정상이고, 가족을 알뜰히 챙기는 아버지이며, 자기 책임을 성실히 수행하는 생활인으로 그야말로 주어진 법을 잘 수행하고 따른 성실한 독일 나치의 한 시민이었을 뿐이다. 하지만 그는 자신이 무엇을 행하는지 그 행하는 일의 의미가 무엇인지를 묻지 않고 그저 맡겨진 일에만 최선을 다한 까닭에, 사람에게 가장 중요한 '사유'를 하지 않는 우를 범했고 그 결과 엄청난 악을 행하게 되었다는 것이다. 즉 '어떤 것이 옳고 그른지 생각하지 못하는 무능함'이 결국 유대인 학살이라는 대참사로 이어졌다며, 그의 죄명은 다름 아닌 인간으로서 '사유하지 않은 죄'라 한다. 아렌트는 그 누구도 사유를 하지 않게 되면 그처럼 잘못된 일을 행할 수 있다고 하며 '악의 평범성'을 이야기한다.

그런데 이렇게 사유하지 않는 것은 개인의 도덕성 결여보다는 인간의 가치와 권리를 억압하는 사회·정치적 구조에 대한 저항이 부재한 데 더 근본적 원인이 있다고 한다. 인간의 가치와 권리가 억압되는 사회에서는 사유하기보다는 주어진 일에 근면하고 성실할 것을 요구받기에 모든 사람의 일상적 삶에 악이 만연하기 쉽다는 것이다. 나치즘을 비롯한 모든 광기는 바로 이렇게 사유하지 않는 데에서 비롯된다.

아렌트에 따르면 사유는 동물이나 기계와 달리 사람만이 할 수 있고 해야만 하는 권리이자 의무로, 우리는 사유함으로써만 사람일 수 있다. 그렇기에 사유를 할 수 없게 되면 우리는 언제나 잘못될 수 있고, 사유하지 않는 근면 성실한 행위는 오히려 위험을 초래할 수 있다. 사유할 수 없는 정치사회 구조에서 사람은 오로지 주어진 일에 성실 근면할 뿐, 다른 사람의 처지를 생각할 줄 모르고, 생각의 무능은 또 말하기의 무능을 낳고, 결국 행동의 잘못을 낳기 때문이다. 다시 말해 자유의 부재는 사유의 부재를, 사유의 부재는 판단의 부재를 낳는데, 판단이 부재함으로써 악이 무엇인지를 알지 못하게 된다.

아이히만은 바로 이러한 현상을 아주 잘 보여준다며 아렌트는 그가 사용하는 언어를 문제 삼는다. 언어는 그 사람의 생각을 드러내는 창구로 우리는 언어를 통해 그 사람의 생각과 삶을 읽을 수 있다. 아이히만은 자기의 생각이 담기지 않은 공적 언어를 주로 사용하는데, 여기에서 그가 사유하는 인간이 아닌, 단순히 명령과 지시에 따르는 기계와 같은 인간임이 드러난다. 아이히만은 사유하지 못하게 하는 사회에서 사유하지 않은 까닭에 악을 일상화한 전형적인 인물이다.

이런 주장은 앞서 1951년에 쓴 아렌트의 대표작 『전체주의의 기원 *The Origins of Totalitarianism*』에서도 이미 나타나고 있다. 그녀는 국민과 대중이 특정한 사상에 휩쓸려 옳고 그름을 판단하지 못하면 자유와 평화는 지켜질 수 없다며 그 이유를 다음과 같이 피력한다. "국가나 사회가 대중에게 완벽한 미래와 욕구를 제시함으로써 국민들 스스로 사유하는 자유를 제한하거나 행사하지 못하게 될 때 전체주의는 시작된다." 이러한 사회구조와 정치 문화에 저항하지 않으면 악은 생활 전반에 번져 무엇이 악인지 구별조차 할 수 없기에 이른다는 것이다.

이러한 이야기가 결코 가벼이 들리지 않는 것은 우리도 그들만큼이나 혹독한 대가를 지불했기 때문이다. 돌이켜 보면 우리의 역사는 온갖 강제된 힘들로 인하여 매우 힘든 시기들을 지나왔다. 그럼에도 여전히 우리 사회에 만연해 있는 이들 문제, 다시 말해 강제되고 의무화되고 습관화된 것들에 대해서 우리는 얼마나 자유로운가를 묻지 않을 수 없다. 우리는 이런 문제들에 대해 얼마나 사유하며, 어떤 경우에도 해야 할 것과 해서는 안 될 것들을 지켜왔는지, 내재화된 강제가 나를 이끌지 않도록 내 앞에 주어진 전제들, 진리, 믿음, 전통, 상식, 다수, 객관 등의 이름으로 포장된 강제된 힘들에 대해 사유하며 마주한 현실을 올곧게 살아가고 있는지 말이다.

늘 달리 새롭게
실현해가는 나

가다머, 이해하는 일과 존재하는 일

> "나는 늘 달리 이해하며
> 적용하며 해석하며 나로 있다."
> – 한스 게오르크 가다머

영화관을 나오는 친구의 눈이 붉다. 영화 내용이 남의 일 같지 않았나 보다. 그런데 모든 사람이 다 이 영화를 보고 우는 것은 아니다. 같은 영화를 보고도 누구는 울고, 누구는 담담한 것을 보면, 우리는 같은 인간이기도 하지만 전혀 다른 생각을 하는 이들이기도 하다. 실제로 우리는 다른 사람의 일에 같이 울기도 웃기도 하며, 때로는 분노도 하고 감격해하기도 하지만, 또 어떤 때는 도무지 상대를 이해할 수 없고 동감할 수 없어 미워하고 질투하고 다투기도 한다. 공감은 하지만 동감하지 않기도 하고, 이해는 하지만 동조는 하지 않기도 하는 우리는 하나로 정의할 수 없는 미묘한 존재들이다. 그래서일까, 동서양의 많은 성현들은 늘 '사람'에 대해 묻는다. 우리가 어떤 존재인지를. 그중 한 사람이 독일의 철학자 한스 게오르크 가다머(Hans-Georg Gadamer, 1900-2002)이다.

소크라테스가 사람을 '영혼적 존재'로 규정한 이래 고대의 아리스토텔레스는 '사회적 존재'로, 근대의 데카르트는 '사유하는 존재'로, 그리고 현대의 하이데거는 '현-존재'로 해명해온 서구 전통 속에서 가다머는 사람을 '늘 달리 이해하며 있는 존재'로 이야기한다. 사람은 자기가 선 자리에서 자기가 이해한 만큼 자신의 삶 안에서 이미 하나로 적용하며 살아가는 존재로, 우리는 무엇을 알고 이를 차후에 실천하는 것이 아니라, 이해하는 가운데 이미 하나로 적용하며 실현하며 있다는 것이다. 그는 이해를 무엇을 알고 모르고 또는 보다 잘 이해하고 못 하고 하는 인식론적 차원에서가 아니라, 그렇게 이해함이 곧 그렇게 존재한다는 존재론적 차원에서 접근한다. 이해와 존재하는 일을 하나로 논하며 늘 달리 이해하며 있는 운동을 진리로 고백하는 것이다. 그러므로 그에게 진리는 그 무엇으로 존재하는 것이 아니라 늘 달리 이해하며 실현해나가는 이해의 운동이다.

그에 의하면 사람은 살아온 역사와 전통, 그리고 마주하는 현실이 결코 같지 않기에 저마다 자신에게 주어진 유한한 시간과 제한된 공간 안에서 달리 이해하고 달리 적용하면서 살아간다. 우리는 그냥 사람으로 태어나는 것이 아니라 특정한 시간에 어디에서 사는 누구로 태어나, 자신보다 앞서 있는 어떤 전제들, 선입견, 전승, 권위 등의 영향과 더불어 그 누구와도 같지 않은 자신의 고유한 자리, 위치, 시간에서 기존의 것들, 나보다 앞서 주어져 있는 것들을 그저 일방적으로 수용만 하는 것이 아니라 자신이 있는 현실의 구체적 자리에서 이를 달리 이해하고 적용하고 융합하면서 자기를 새롭게 만들어간다. 다시 말해 가다머는 서로 다른 두 지평을 하나로 지평융합하면서 이전과 달리 새롭게 자기를 만들며 나오는 존재 생성의 일을 이해로, 적용으로 그리고 진리로 고백한다. 마주하는 현실을 하나로 지평융합하며 이전과 달리 늘 자신을 새롭게 실현해가는 일, 그것이야말로 진리라 하는 것이다.

우리가 그의 철학을 '해석학', 특히 존재론적 해석학이라 이름하는 까닭이 여기에 있다. 그는 해석학은 인식 방법, 즉 해석의 기술이나 방법을 구하려 하는 것이 아닌 존재의 진리 물음을 묻는 것으로, 진리는 다름 아닌 늘 달리 이해하며 실현해나가는 이해의 운동이라 한다. 그런 의미에서 모든 철학은 세계에 대한 하나의 해석이라 할 수 있는데, 이러한 주장은 그가 1960년 쓴 첫 저서이자 대표작인 『진리와 방법 *Wahrheit und Methode*』에 잘 나타나 있다. 가다머는 여기에서 예술의 경험을 통해, 낭만주의적 전통을 통해, 그리고 존재론적 언어를 통해, 자연과학에 의해 전도된 잘못된 진리 개념을 제자리로 돌려놓고자 한다. 그가 볼 때 자연과학의 진리란 삶의 전체성을 편의에 따라, 그리고 목적에 따라 단순화하고 체계화하며 이론화한 하나의 방법일 뿐, 우리 삶 전체를 해명해주는 진리가 아니다. 그는 근대 과학기술이 토대로 삼고 있는 계몽주의 철학자들의 사유의 문제점을 면밀히 파헤치며 고대의 사유 안으로 깊숙이 들어가 본래 진리가 담지하고 있는 의미를 밝히며 진리를 늘 달리 자기를 새롭게 실현해 가는 이해의 운동으로 이야기한다.

가다머의 이러한 주장은 당시 독일의 혼란한 정세와 무관하지 않다. 어려움이 산재한 삶의 한가운데에서 도대체 무엇을 어떻게 해야 하는가를 묻지 않을 수 없었던 가다머는 모든 것을 하나로 융합하며 그 안에서 가장 적합함이 무엇인가를 구하고자 했을 것이다. 그렇다면 우리는 어떠한가. 우리는 우리가 처한 현실에서 전해오는 우리 역사와 전통과 더불어 그 모든 것을 하나로 이해·적용·융합하며 '가장 적합함'을 추구하고 있나, 아니면 무언가에 붙들리어 그것만을 고수하려 하고 있나. 우리는 도대체 무엇을 어떻게 이해하며 살아가고 있는 것일까. 몸은 나인데 머리는 다른 사람의 생각과 일로 가득 채운, 아는 것 따로 사는 것 따로 분리된 채로 부조화 속에 살아가는 프랑켄슈타인의 괴물은 아닌가.

마주하는 모든 것들을 하나로 이해하며 늘 달리 새롭게 자기를 실현해가기를 원했기에 가다머는 102세까지 강의와 저술 활동을 활발히 하다가 갈 수 있었던 것이 아닐까. 소아마비를 앓아 세 발로 살아야 했던 가다머, 처참한 전쟁의 한가운데서 대부분의 유년과 청소년 시절을 보내야 했던 가다머. 그런 가다머가 60세라는 나이에 대표작을 출간, 해석학을 현대 철학사에 우뚝 세우고, 80세에는 『대화와 변증법*Dialogue and Dialectic*』을, 그리고 82세에는 『과학 시대의 이성*Vernunft im Zeitalter der Wissenschaft*』을 썼을 뿐 아니라, 85세에서부터 10년에 걸친 시간에는 그동안 써놓은 글들을 직접 선정하여 선집을 편집 출간하기까지 한다.

마지막까지 정형외과 의사들의 모임에서 강연을 하다 쓰러져 유명을 달리한 가다머의 원동력은 무엇이었을까. 그를 찾아간 기자들의 물음에 자신은 그저 자신이 생각한 대로 살아가려 했을 뿐이라고 대답한 그의 말은 무엇을 의미하나. 약이나 의술, 정부의 지원이 아니라 마주하는 현실을 늘 달리 새롭게 이해하며 이를 실제로 실현해가려 한, 즉 생각하는 만큼 산, 그야말로 지행합일을 하며 산 가다머. 그는 아는 만큼 보고 보는 만큼 이해하며 이해하는 만큼 산, 아는 것과 사는 일을 하나로 체득한 삶을 살았다.

우리에게 필요한 것은 유치원 때 다 배웠다는 누군가의 말처럼 우리의 문제는 몰라서가 아니라 아는 만큼 살지 못하기 때문은 아닌지. 그런데도 우리는 단지 보다 더 알고자 전력한다. 지금 우리에게는 아는 만큼이라도 사는 것이 더 중요하지 않나. 사람은 늘 달리 새롭게 자기를 실현해가는 존재라는 그의 말처럼 나이와 상관없이 아는 만큼 살기 위해 우리는 과거 완료형이 아닌 현재진행형으로 자기를 늘 달리 실현해가야 하지 않겠는가. 우리가 사람이라면, 우리가 살아 있다면, 그래서 사는 것이라 한다면 마땅히 그래야 하는 것 아닐까.

내가 원하는
바로 그 사람이기 위하여

니체의 초인

"야수는 살해된 것이 아니라 길들여졌을 뿐이다."
– 프리드리히 니체

우리는 많은 사람을 만난다. 우리 삶이란 사람들과 어떻게 만나고 함께하는가에 달렸다고 할 수 있을 만큼 산다는 것은 만남의 연속이다. 그렇기에 사람은 사람에 대해 묻기 시작한다. 이러한 물음은 어쩌면 사람의 출현과 같이 시작되었는지도 모른다. 같은 혈통인지, 어느 지역 출신인지에서부터 시작된 물음은 때로는 역할로, 신분으로, 신앙으로, 윤리로 물음을 바꾸며 사람을 위와 아래로, 좋은 사람과 나쁜 사람으로, 구원받을 자와 그렇지 않은 자로 나누기도 하고, 또 지식으로, 가진 재물로 구별과 차별을 짓기도 한다.

그러나 이와 다른 방식으로 사람을 이야기하는 사람도 있다. 헤겔은 이성의 변증법적 운동 과정에서 완전성의 정도로 구분하고, 사르트르는 의식의 매개에 따라 즉자적 존재와 대자적 존재로 나누기도 하듯 사람을 의식, 정신, 이성과 같은 것들로 구분하는 이들도 있다. 이들 중에 근대의 종말을 논하며 새로운 시대의 도래를 이야기하는 프리드리히 니체(Friedrich Nietzsche, 1844-1900)는 사람을 '주인의 도덕'을 가진 사람과 '노예의 도덕'을 가진 사람으로 나누어본다.

'주인의 도덕'을 가진 사람은 자신의 삶을 스스로 만들어가는 자유와 그 선택에 대한 책임을 기꺼이 짊어지는 사람이라면, 노예의식을 가진 사람은 무엇이든 주어진 대로만 하는 사람을 가리킨다. 노예는 성실할 수는 있어도 창의적이지는 않으며 자유로운 사람만이 창의적일 수 있다고 하면서 니체는 자신의 삶을 스스로 만들어가는 자유로운 주체가 될 것을 이야기한다.

니체는 사람들이 자기 삶의 주인이 아닌 노예로 살아가는 데에는 기독교의 영향이 크다고 하면서 기독교는 사람을 죄인으로 먼저 단죄하고 구원을 위해 순종을 강요한다고 비판한다. 다시 말해 사람들은 신에게 모든 것을 의존하고 자기가 해야 할 일들을 방기한다는 것이다. 그래서 니체는 "신은 죽었다"라고 선언하면서 이제 신에 의지해서가 아니라 자신 안에 있는 무한한 힘을 발휘하며 살 것을 요청한다. 그것이 니체가 말하는 초인Übermensch이다. 초인은 초능력을 가진 사람이 아니라 자신 안에 넘치는 힘을 마음껏 발휘하는 사람, 그래서 자신의 삶을 창의적으로 만들어가는 사람, 자신의 삶에 자기가 주인이 되어 사는 사람, 즉 주인의 도덕으로 살아가는 사람을 일컫는다.

이를 위해 니체는 로고스logos가 아닌 파토스pathos, 즉 일시적인 감정이 아닌 지속적인 정열, 정념 등의 의미에서 생명력의 가장 충실한 발현으로서의 파토스, '힘에의 의지'를 강조한다. 그의 사상 전체를 관통하는 힘에의 의지는 구체적 형태를 가진 그 무엇을 실재로, 진리로 주장하는 모든 실체적 실재론적인 이전의 형이상학을 폐기하고, 네가 네 삶의 주인이 되어 삶을 자유롭게 만들어가는 주인의식을 가진 '초인'이 되라 한다. 초인은 어느 한쪽으로 치우쳐서가 아니라 전체적인 관망 속에서, 자신의 운명을 견디는 것도 은폐하는 것도 아닌, 자신의 운명을 사랑하는 '아모르 파티amor fati'를 할 줄 아는 사람이다. 초인은 자신의 삶에 주인이 되어 자기에게 밀려오는 운명과 더불어 자신 안에 넘치는 파토스, 힘의 충동에 의거한 창조적인 행위를 하며 있는 사람이다. 니체는 "야수는 살해된 것이 아니라 길들여졌을 뿐이다"라며 강인한 힘에의 의지를 가진 자신의 본능에 충실한 삶을 살아갈 것을 권한다. 그것이 주인의 의식을 가진 사람의 삶이라는 것이다.

니체는 기독교만이 아니라 당시 과학의 급진적인 진보에 의해 지배적이었던 낙관론을 경계하며 역사적 통찰, 즉 생성과 소멸이라는 '영겁 회귀' 사상에 근거한 시대의 종말과 서곡으로서의 허무주의를 논한다. 역사란 '아폴론적인 것'과 '디오니소스적인 것'의 수레바퀴에 이끌려 영원히 반복한다는 '영겁 회귀' 사상은 결정론적인 것이 아니라 '힘에의 의지'에 의한 것임을 강조하면서 자유의지론과 결정론 모두를 극복하는 그만의 독창적인 사유를 전개한다. 즉 자기 안에 넘치는 힘을 발휘할 수 있는 초인이 되어 자신의 삶을 스스로

만들어가는 능동적인 주체, 자유와 책임을 자신 안에 가지는 주인의
식을 가진 사람이 되라는 것이다.

그의 이러한 주장은 실제 그의 삶에서 그대로 드러난다. 스물네
살에 박사 학위도 없이 바젤 대학교에 철학 교수로 임용될 정도로
창조적 사유의 소유자였던 니체는 당시 사람들이 빠져 있던 과학 학
문의 기계론적 결정론과 자유의지론자들 사이에서 세계는 우연도
필연도 아닌 서로 관계 속에 상생하는 인정과 긍정의 역학만이 있을
뿐이라 이야기한다. 그렇기에 우리는 사실이 아닌 어떤 관점만을 가
질 뿐이라 하면서 진리는 없고 해석만이 존재한다는 '관점주의'를
주창한다. 환경에 의한 종들의 진화를 주장하는 다윈과 달리 인간
내적인 힘이야말로 우리를 살아가게 하는 원동력임을 피력하는 것
이다.

니체는 이처럼 지식의 체계 안에 갇히지 않고 넘쳐흐르는 생명의
본질적인 힘을 직시한다. 그리고 지식이 삶에 봉사하는 것이지 삶이
지식을 위해 있지 않다며 어느 것으로부터도 자유로운 사람, 즉 자
신의 격정을 다스리고 지식에도 함몰되지 않는 창조적인 삶을 사는
사람이 될 것을 촉구한다. 창조적인 사람은 자신의 자유를 유배하거
나 책임을 방기하지 않는 이 모든 것을 스스로 떠맡는 사람이다. 니
체는 이런 사람이야말로 자신의 삶에 주인의식을 가진 주체라 하며,
노예로 살아온 시대를 마치고 모든 사람이 자신의 삶에 주체가 되어
사는 새로운 시대의 서곡을 올려야 한다고 말한다.

결코 길지 않은 시간을 살았음에도 그가 얼마나 열정적으로 살았

는지를 우리는 무척 잘 알고 있다. 그는 시대에 갇히지 않고 자신의 시대를 넘어 사유한 그야말로 초인이었다. 생성과 소멸이라는 아폴론적인 것과 디오니소스적인 것을 분리하거나 대립시키지 않고 이를 하나로 하면서 자신의 삶을 창조적으로 살아낸 초인이었다. 우리는 그에 의해서 비로소 우리 모두가 자유롭고 평등한 주체이자 초인이며 철인이라는 것을 알게 되었다. 그럼에도 우린 아직도 이런저런 것들로 여전히 자신을 가둔다. 어디에 갇히고 가두는지도 모른 채 마치 유리집 안에서 자유를 외치는 자처럼 환상과 착각의 나라 속 왕이 되어 있다. 자유는 구하고 책임은 내팽개치는 우리를 또 다른 기형, 노예가 되게 하는 원인은 도대체 무엇일까. 다른 사람의 시선인가, 몸에 익은 습관인가. 체험 없는 앎인가. 무엇 때문에 우린 내가 아닌 남에 부림당하며 있는 것일까. 우린 살아가는 것인가 아니면 살아짐을 당하는 것인가.

나이 듦에
대하여

플라톤, 이데아의 세계

> "최대의 승리는 자기 자신을 정복하는 것이며
> 자기 자신에게 정복당하는 것이야말로 최대의 수치다."
>
> – 플라톤

책을 읽다가 우연히 마주하게 된 방바닥, 먼지와 머리카락 때문에 놀라 얼른 안경을 벗지만 이미 보고 만 방바닥의 먼지로 인하여 마음이 편치 않다. 안경을 쓰지 않았을 때는 아무 문제가 없었는데, 결국은 일어나 청소기를 돌리고 걸레질을 한다. 안경을 쓰면 비로소 보이는 것들이 있는 것처럼 혹시 우리가 매일 마주하는 세계와 다른 또 다른 세계, 다른 시선으로 보아야 알 수 있는 그런 세계가 존재하는 것은 아닐까. 개미가 인간 세계를 잘 모르듯이 혹시 우리도 또 다른 세계에 대해 전혀 알지 못한 채 살고 있는 것은 아닐까? 그래서 플라톤(Platon, BC 428?–BC 348?)이 바로 지금 우리가 사는 이 세계가 전부가 아니라 하며 또 다른 세계, 이데아의 세계에 대해 이야기했는지도 모르겠다.

플라톤은 우리가 살고 있는 이 세계와는 다른 이데아idea의 세계가 있다고 하는데, 이는 눈으로 보이는 현실 세계와 달리 사유라는 지혜를 통해서만 도달할 수 있는 세계다. 그는 이 이데아의 세계야말로 참으로 변하지 않는 진리의 세계이며, 늘 변화하는 현실 세계란 이데아의 그림자에 지나지 않는다고 한다. 사람은 본래 비물질적인 이데아의 세계에 사는 영혼적 존재이나 물질을 입고 이 세상에 있게 되면서 참으로 실재하는 진리의 세계인 이데아를 망각하고 한낱 그림자에 지나지 않는 현상에 이끌려 온갖 속단과 속견에 사로잡혀 살아간다고 한다. 먼지와 머리카락을 보지 못하고 깨끗하다고 착각하듯 이 세계가 전부라 여기며 진리를 알지 못한 채 살아간다는 것이다. 그러므로 플라톤은 눈에 보이는 대로가 아니라 이를 넘어서 눈에 보이지 않는 진리의 세계인 이데아를 사유할 것을 우리에게 청한다.

그는 사유하는 사람, 그래서 이데아를 알고 이를 추구하는 사람을 철인哲人이라 부르며, 철인에 의한 철인의 정치를 주장한다. 철인은 구체적 사물로부터 거리 두기를 하는 관조의 삶을 살기에 세상의 어떤 것에 편중되지 않고 전체를 조망할 수 있다 한다. 그러므로 철인에 의한 정치를 통해서만 정의로운 사회를 이룰 수 있다. 그런데 철인은 누구나 될 수는 있지만 하루아침에 되는 것은 아니다. 플라톤은 철인이 되기 위해서는 다양한 앎과 경험이 필요하다며 철인의 자질과 역할에 대해 구체적으로 논한다. 즉 18세 이전까지는 문학, 음악, 기초 수학과 같은 기초 학문을 습득하고, 이후에는 공동체를 위한 기본 훈련으로 체력을 강화하며, 20세가 되면 고등수학을 통해 논리의 세계를 파고들고, 30세에는 변증법과 도덕철학을 5년 이상 익히며, 이후 15년은 공공 봉사를 통해 다양한 사회 경험을 쌓아야 한다는 것이다. 그러고 난 후인 50세가 되어서야 비로소 사회의 지도자로서 역할을 할 수 있다고 말한다.

오십이 되면, 그리고 그렇게 훈련을 하면 정말 이 세계만이 아니라 보이지 않는 다른 세계까지 통찰할 수 있을까. 보이는 사물의 세계만이 아니라 보이지 않는 정신적인 세계, 지금의 현실만이 아니라 알 수 없는 미래, 삶만이 아니라 죽음, 그리고 나만이 아니라 다른 이들의 문제까지도 보고 느끼고 깨달을 수 있을까. 그래서 오십이 되면 진짜 사람다운 사람이 되고, 삶다운 삶을 살 수 있을까. 미술 시간에 했던 데칼코마니처럼 우리는 오십을 전후로 하여 이전까지 배우고 익히고 습득하며 경험한 것들을 하나로 융합하여 진짜 제대로 이후의 삶을 열어갈 수 있나 보다. 그래서 공자도 쉰이면 지천명知天命이라며 하늘의 뜻을 안다고 이야기했는지도 모르겠다.

다소의 차이는 있지만 대체로 오십이 되면 남녀를 불문하고 몸과 마음만이 아니라 삶의 전반에 변화를 겪는 까닭에 이전까지는 이익을 따라서, 현실에 급급하여, 특정한 목적을 위하여, 나만을 위하여 질주했다면, 오십을 전후해서는 원하든 원하지 않든 이전과 다른 것을 보고, 다른 생각을 하며, 다른 삶을 살고, 다른 태도를 갖는 경우가 많다. 어떻게 살았는지, 무엇을 위해 애썼는지가 얼굴로 드러나는 나이 오십. 한편으로는 교양 있고 연륜 있는 인품의 소유자로, 다른 한편으로는 물욕과 욕정에 시달리는 완고한 근시인으로 확연히 구분되기도 하는 나이다.

쉰이 되어서야 비로소 알게 되는 것들, 왜 엄마의 화장이 진해졌고 두 눈썹이 짝짝으로 그려졌는지, 왜 부모님의 옷 색깔이 점점 짙어졌는지, 왜 엄마가 설거지를 한 후에는 고춧가루가 남았는지, 아버지는 왜 자꾸 음식을 흘리시는지. 예전엔 잘 몰랐던 일들, 엄마 나이가 되고, 아버지 나이가 된 지금에서야 알게 된 일들……. 부모님의 헌신과 사랑, 사람다운 것이 뭔지, 진정 아름다운 일이 뭔지, 보이는 대로만 생각하고 판단하려 했던 우리는 얼마나 무지하고 무례했던가. 나이가 들수록 눈이 점점 더 나빠지는 이유도 어쩌면 이제는 보지 말고 생각하라는 뜻이 아닐는지.

방법이 문제인가
윤리가 문제인가

레비나스, 윤리는 우리의 존재 이유

"우리는 윤리적 물음을 통해서
비로소 사람다운 삶을 영위할 수 있다."
– 에마뉘엘 레비나스

사람이 살아가는 한 늘 힘들고 어려운 일이 있을 수밖에 없지만 요즘처럼 정말 이렇게 문제들이 넘쳐날 때가 있었나 싶다. 미세먼지와 폭염과 홍수, 태풍 등의 기후 변화를 비롯하여 계란에서부터 채소와 과일, 해조류와 생선, 돼지고기, 소고기, 기름 등에 이르기까지 오염되고 조작되고 변형된 먹거리들은 물론이고, 점점 더 무섭게 전염되고 감염되는 각종 신종 바이러스성 질병들과 이름조차 생소한 정신적 문제들, 그리고 하루도 거르지 않고 등장하는 정치·경제·군대·교육 등 각종 분야의 비리와, 도덕적 해이에 따른 청소년들의 일탈과 가족 해체, 각종 차별과 과시와 무시로 인한 갈등과 폭력, 그리고 온갖 오염을 발생시키는 생활 폐기물과 국가와 인류의 존립을 위태롭게 하는 핵 문제 등 일일이 열거할 수 없을 정도로 정말 많은 일들이 연일 발생하고 있다.

불행해지기를 원하는 사람은 아무도 없는데 세상은 왜 이런 난제들로 가득할까. 마주하는 현실의 어려움을 극복하기 위해 나름 애쓰는 사람들의 바람과 달리 세상은 점점 더 복잡하고 힘든 문제들로 어려워진다. 무지 때문인가, 지나친 과신이 문제인가. 아니면 제어할 수 없는 사람들의 욕망이 원인인가. 어쩌면 이는 문제의 근본 원인을 제대로 파악하지 못한 채 표피적으로만 대응해온 탓인지도 모른다. 문제를 해결하려 하기보다는 단지 이월하고 미뤄둔 탓에 문제가 심화되고 변형되며 확대되었고, 오늘날 감당할 수 없을 정도로 심각한 상황에 이르게 된 것이 우리가 처한 현실이다. 그렇다면 지금 우리는 무엇을 어떻게 해야 할까.

어떤 이들은 오늘 우리의 문제를 정치의 책임, 방법의 문제, 무지의 산물, 시설의 부재, 정책의 빈곤으로 이야기하지만 사실 가장 근본적인 문제는 윤리의 문제이다. 동물이나 기계와 달리 사유하는 사람은 사유에 따른 선택과 행위를 한다. 물론 사람이 모든 것을 다 마음대로 할 수 있는 것은 아니지만 사람은 주어진 여건 안에서도 그 나름 선택하고 행하며 자기가 원하는 세상을 스스로 만들며 살아간다. 그러므로 자연 안에서 자연과 더불어 살아가야 할 세계를 스스로 만들어 사는 이들에게 모든 문제는 무엇을 선택하였는가 하는 태도의 문제, 곧 윤리의 문제가 아닐 수 없다. 국방이든 안보든 경제든 교육이든 분쟁이든 모든 문제는 그것을 어떻게 인식하고 행하는가에 달린 우리의 선택에 의해서 야기된 문제이기에 그러하다. 그러므로 우리는 매사에 무엇보다도 먼저 우리의 선택에 따른 책임, 즉 윤리에 대해 이야기해야 한다. 무엇보다도 문제가 발생하게 된 근본적인 원인, 즉 우리의 태도를 먼저 문제 삼을 때 문제를 이월하지 않고 실제로 변화·해소함으로써 미래를 이야기할 수 있지 않겠는가.

그러나 언제부터인가 우리의 모든 논의에서 윤리에 관한 물음은 사라져버렸다. 윤리를 배제하고 과연 우리가 사람다운 삶, 바람직한 사회, 아름다운 세상을 구현할 수 있을까. 우리의 태도, 즉 우선적 가치와 선택, 그에 따른 책임을 논하지 않고 살충제를 바꾸고, 벌금을 물리고, 책임자를 문책하고, 장비를 바꾸고, 시설을 확충한다고 문제가 해결될까. 그럴 수 없음이 너무나 자명한데도 우리는 이를 논하는 철학을 불필요한 사유의 놀이 정도로 치부하고 모든 실제적 논의에서 배제하고 있는 것이 사실이다. 그러나 헤겔이 이야기했듯 형이상학이 부재한 민족과 국가는 건재할 수 없다.

그런 면에서 프랑스의 유대 철학자 에마뉘엘 레비나스(Emmanuel Levinas, 1906-1995)의 이야기에 귀를 기울일 필요가 있다. 그는 우리의 존재성을 윤리로 이야기하며, 윤리야말로 제1의 철학이라 한다. 다시 말해 우리는 윤리적 존재로, 윤리는 선택 상황이 아닌 우리의 존재 이유라 하는 것이다. 사람은 윤리적 행위에 의해 사람이 되며, 사람이 하는 모든 일은 윤리적이다. 문제는 이러한 윤리적 존재가 자신의 정체성이라 할 윤리를 망각하고 매사를 다른 외적인 일, 즉 본질이 아닌 수단과 방법으로만 대하고 여기는 것이다. 바로 그것이 오늘 우리의 가장 근본적인 문제가 아닐까.

인정하든 하지 않든 우리는 근대의 자연과학적 학문 방법에 철저하게 세례받았으며 아직도 그 영향하에 있다. 자유롭고 평등한 세상을 구현하고자 수학적 토대 위에서 객관성과 합리성이라는 방법적 이상을 추구하던 근대는 시간과 공간을 넘어서 언제 어디서나 동일하게 작동하는 방법적 진리를 추구한다. 그리고 이러한 동일성의 논리로 모든 것을 재단해간다. 베이컨의 경험과 관찰에 의한 귀납적 방법과 데카르트의 방법적 회의를 통한 연역의 합리적 사유로 대치되는 근대의 학문적 태도는 아리스토텔레스 이후 또 한 번의 커다란 변화를 초래하며 새롭고 다양한 과학 학문의 출현을 가져왔다.

지금 우리 교육의 대부분이 실상 모두 여기에 뿌리를 두고 있다. 그 때문에 우리는 아직도 매사를 근대적 관점에서 사유하고 판단하고 재단하는 경향이 있다. 현대라는 시간을 살지만 우리의 사유는 여전히 근대에 머물고 있는 것이다. 보아야 할 것을 보지 못하고 생각해야 할 것을 생각하지 못하며 그저 방법적 유희에 의해 문제들을 이월하고 연장해가는 것, 그것이 오늘 우리의 문제가 아닐까. 왜 후설이 사태 자체를 직시할 것을 이야기하고, 레비나스가 윤리를 이야기하는지 와 닿는다.

II

내가
알고 있는 것이
사실일까

생각에 대하여

모든
순간의
철학

나는 정말 생각하기에 존재하는가

데카르트의 "코기토 에르고 숨"

> "단순한 것에서 복잡한 것으로 완벽하게 열거하고
> 전체적으로 재검토할 수 있어야만 한다."
> ─ 르네 데카르트

"나는 생각한다, 고로 존재한다"라는 르네 데카르트(René Descartes, 1596-1650)의 명제를 모르는 사람은 없을 것이다. 철학을 공부하지 않은 사람도 이 말만큼은 다 알고 사용한다. 카뮈도 "나는 저항한다. 고로 존재한다"라고 하고, 장 보드리야르도 "나는 소비한다. 고로 존재한다"라고 차용할 만큼 데카르트의 이 말은 많은 사람들이 자기의 생각을 드러내는 말로 자주 인용된다. 그럼 나는? "나는 클릭한다, 고로 존재한다"라고 해야 할까. 아니면 "나는 쓴다, 고로 존재한다"일까. 나는 무엇을 하기에 존재하는가. 사유하기를 잃어버린 우리들, 우리는 무엇으로 나의 존재성을 이야기해야 하나.

데카르트 이전에도, 그리고 이후에도 생각하는 일은 언제나 우리에게 가장 중요한 일로 여겨졌다. "너 자신을 알라"라고 이야기한 고대의 소크라테스로부터 이성의 판단에 따른 도덕적 자율성에 따라 사는 것이 마땅하다고 이야기한 근대의 칸트는 물론, "사유하지 않은 죄, 결코 무죄일 수 없다"라고 언명한 현대의 한나 아렌트에 이르기까지 사유의 중요성을 이야기하지 않은 철학자는 없다. 생각하는 일만큼 사람의 정체성을 잘 해명해주는 일은 없기 때문일 것이다. 그런데 사유한다는 것은 도대체 어떻게 하는 것인가. 데카르트가 말하는 사유를 나는 정말 하고 있는가가 의문이다. 생각도 하나의 훈련이고 습관이 필요할까. 데카르트는 구체적으로 어떻게 이야기하는가.

새로운 사회에 대한 열망을 인간 이성의 합리적 사유 위에서 이루어가기를 소망했던 프랑스의 철학자 데카르트는 이성이 적절한 방법과 절차를 따르기만 하면 진리를 알 수 있을 것이란 믿음하에 수학의 정확성과 확실성에 이끌려 학문의 방법을 정초해간다. 이를 위해 기존의 모든 학문을 회의하는데, 모든 것을 회의하여도 회의하고 있는 자신만큼은 더 이상 회의할 수 없다는 자명한 사실로부터 새로운 학문을 태동시킨다. 이를 가리켜 데카르트의 '방법적 회의'라 한다. 이때 회의한다는 것은 사유하는 것으로, 사유하며 있는 나는 필연적으로 어떤 무엇일 수밖에 없다고 생각한 데카르트는 "나는 생각한다, 고로 나는 존재한다"라는 우리가 잘 알고 있는 가설, "코기토 에르고 숨Cogito ergo sum"을 정립한다. 즉 나의 정신 활동에서부터 학문의 확실성을 구하는 데카르트는 사람에게는 누구나 진리를 인식하고 연역할 수 있는 능력이 있다며, 이에 근거한 이성적인 힘으로 모든 학문을 개진해갈 수 있다고 주장한다.

인간 정신 활동, 즉 이미 우리가 알고 있는 공리를 질서정연하게 추론해나아갈 때 새로운 사실을 발견할 수 있다는 것이다. 데카르트는 이를 위해 '직관'과 '연역'을 통해 체계적이고 질서 있게 사유하는 방법을 구축한다. 그에 의하면 직관은 불분명한 감관과 달리 우리에게 매우 근본적이고 명석한 개념을 주며, 연역은 직관에 근거한 보다 많은 정보를 우리에게 제공한다. 때문에 우리는 직관에 의해 진리를 파악하며, 연역에 의해 진리에 도달할 수 있다. 개념들 사이의 관계를 나타내는 삼단논법과 달리 진리들 상호 간의 관계를 나타내는 연역법은 하나의 사실에서 그것이 내포하고 있는 결론으로 진행하기에 우리는 진리를 알아갈 수 있다는 것이다. 다시 말해 제1원리들이 직관에 의해 아는 것이라 한다면, 직관에 의해 직접 얻어지지 않는 결론들은 연역에 의해서 얻어진다며 데카르트는 직관과 연역이라는 정신의 연속적인 활동으로 진리를 발견할 수 있다고 한다.

실제로 데카르트는 이를 설명하기 위해 21가지 『정신 지도를 위한 규칙Regulae ad directionem ingenii』을 제시한다. 정신은 매우 명석한 진리와 더불어 단계를 밟아 움직여가야 하는바, 우리는 명석 판명하게 알 수 있고 확실히 연역할 수 있는 방향으로 향해야 하며, 규칙은 엄격하게 지켜져야 하고, 주제는 단순화하며, 직관적인 인식을 할 수 없을 시에는 멈춰 서야 한다. 그뿐 아니라 나의 정신이 명석 판명하게 생각되는 것만 받아들이고, 가능한 한 작은 부분으로 나누어 생각하고, 단순한 것에서 복잡한 것으로 전개하며, 완벽하게 열거하고 전체적으로 재검토할 수 있어야 한다는 것이다.

이처럼 데카르트는 구체적인 사유 방법을 통해 새로운 학문의 길을 열어간다. 그에 따르면 세상에는 두 종류의 실체가 있는데, 하나는 사유하는 '정신'이고 다른 하나는 그것의 연장인 '물질'로, 이 둘은 누구나 다 명석 판명하게 인식하고 있다고 한다. 이때 실체란 스스로 존재하는 실존적 사물로서, 데카르트는 이 둘을 완전히 독립적인 두 실체로 본다. 이와 같이 감관 기관이 아닌 우리 정신의 활동에서 학문의 확실성을 찾는 데카르트는 여러 원리들의 유기적 관계 속에서 참된 진리의 사상 체계를 구축하며, 학문을 권위에서가 아니라 개인의 정신 속에서 정밀하게 진척시켜나간다. 그가 1637년에 쓴 대표작 『방법 서설*Discours de la méthode*』은 바로 이러한 그의 사상을 잘 보여준다.

정신만 차리면 호랑이 굴에서도 살아날 수 있다는 옛 어른들의 말씀처럼 그 어떤 것도 그가 말하는 대로 한다면 문제가 없을까. 지척도 보이지 않는 혼미한 현실을 살아가야 하는 우리, 그냥 하던 대로가 아니라 생각함으로써 아주 조금씩, 그리고 천천히 그러나 분명하고 단순하게, 때로 불명료하면 그 자리에 잠시 멈추어 내가 어디에서 있는지 좌표를 다시 확인해보자는 그의 권유를 받아들인다면 어떨까. 그가 우리에게 준 친절한 가이드 — 정신지도 — 를 따라 감당하기 어려운 일이 있으면 감당할 수 있는 만큼씩 나누고 시간의 순서에 맞게 나열하면서 전체적인 나의 삶을 다시 들여다본다면, 정말 그리한다면 우리도 우리가 존재하는 참이유를 알 수 있지 않을까.

지엽 말단적인 지식을 추구하기 전에 먼저 사유하는 방법을 제대로 안다면 우리는 어떤 것도 스스로 찾아내고 극복할 수 있을지 모른다. 사유하는 것을 논하는 철학은 그런 의미에서 유대인의 부모가 아이들에게 들려주는 탈무드라는 지혜서처럼, 배부른 자들의 지적 유희가 아니라, 그리고 철든 나이든 어른들의 학문이 아니라 어릴수록 힘들수록 필요한 삶의 지혜를 구하는 학문이라 해야 할 것이다.

내가 알고 있는 것이
사실일까

칸트의 주관적 인식론

"우리는 물자체는 알 수 없고
다만 내게 드러나 보이는 것만을 알 수 있을 뿐이다."
- 임마누엘 칸트

나이가 들수록 가방 무게가 부담스러워 줄여보려 하지만 쉽지가 않다. 바람과는 달리 필요로 하는 물건이 더 많아지기 때문이다. 그중 하나가 안경이다. 글을 읽을 때, 컴퓨터를 볼 때, 눈부심 방지 등 나이를 먹을수록 안경의 수도 그에 비례하여 늘어만 간다. 그런데 어떤 안경으로 보는 글씨가 진짜 글씨의 크기인가. 난 도저히 알 수가 없다. "물자체는 알 수 없고 다만 내게 드러나 보이는 것만을 알 수 있을 뿐이다"라는 독일의 철학자 임마누엘 칸트(Immanuel Kant, 1724-1804)의 말처럼 글씨 그 자체의 크기는 알 수 없고 나는 단지 안경에 따라 달리 보이는 글씨만을 보고 읽고 쓰고 있다.

글씨만이 아니라 우리가 보고 느끼고 생각하고 행하는 모든 것이 다 그렇지 않을까 싶다. 마치 셔터 속도와 조리개의 크기, 필터의 색,

카메라의 위치와 방향, 거리 등에 따라 대상이 다르게 포착되듯이 사람은 저마다 달리 보고 생각하며 말하고 살아가는 것일지도 모른다. 지금 보는 대상이 사실은 그와 같지 않음에도 우리는 진짜 그렇게 있는 것처럼 여기거나, 다른 사람도 나처럼 보고 생각하리라 여기면서 착각하고 혼돈하고 오해하면서 살고 있는지 모를 일이다. 그래서 삶은 비극을 낳고 비극은 예술을 낳는 것일까. 같은 것에 대해서도 서로 다른 의견을 개진하며 일치할 수 없는 그 틈에서 이런저런 삶의 이야기를 피워내면서 말이다.

칸트는 우리가 아는 것은 우리 밖에 있는 객관적 사실이 아니라 우리 안에 있는 인식의 틀, 즉 양과 질, 그리고 관계와 양태에 속하는 12가지 범주 안에서 이렇게 저렇게 달리 구성된 현상일 뿐이라 한다. 마치 컵에 꽂혀 있는 젓가락이 실제와 다르게 보이듯 우리가 알고 있는 것은 사실이 아니라 우리 눈에 비친 현상일 뿐이라는 것이다. 그렇다면 우리가 확신하고 말하는 모든 것들도 사실은 그에 대한 나의 생각, 즉 나의 시선, 인식, 관점일 수 있다. 맨눈으로 태양을 바라볼 수 없어 저마다 다른 색깔의 선글라스를 쓰고 보듯이 우리는 저마다 처한 상황과 관념과 처지 안에서 나름 달리 보고 말하고 판단하고 있다는 것이다.

그 사람이 착한 것도, 그곳이 좋은 것도, 여기가 편한 것도, 음식이 맛있는 것도 실은 그 사람이, 그곳이, 여기가, 그 음식이 그렇기보다 내가 그렇게 여기는 것이라 한다면, 우리는 그러한 자신의 생각에 책임을 져야 한다. 반대로 그것이 사실에 대한 언사가 아니라면 우리는 굳이 다른 사람의 말에 지나치게 상처 입지 않아도 된다. 물론 다른 사람의 이야기에 귀를 기울여야 마땅하지만 칸트의 말처럼 결국 모든 것은 그것을 어떻게 보는가의 문제이지 사실 여부가 아니라 한다면, 지나치게 확신에 찬 다른 사람의 말에 너무 아파하고 힘들어할 이유도 없다.

이성계가 무학대사에게 "대사는 참으로 돼지같이 생겼소"하니 무학대사가 "전하는 어찌 그리 부처 같으십니까"라고 응대했다는 불안돈목佛眼豚目의 고사처럼, 말하는 사람의 인격도 중요하지만 듣는 사람의 인격도 중요한 까닭이다. 칸트의 말대로 우리 모두는 일정한 범주 안에서 사유하는 보편성과 더불어 그 안에서 다르게 구성하는 자유에 따른 책임을 가진 주체다. 그렇기에 우리가 존엄한 것이라 한다면, 매사를 따뜻하게 바라보고 깊이 사유하며 조심스레 말하고 들어야 하는 것도 너무나 당연하다 하겠다.

보고 듣고 말하는 자유만큼 책임 또한 바로 그만큼 가져야 하는 이 엄밀함, 그 앞에서 겸손하지 않을 수 있는 사람은 없다. 무지無知의 지知를 이야기했던 소크라테스처럼 모든 것을 알지 못하는 우리 앎의 한계를 인식하는 지혜, 그것이야말로 우리가 알아야 하는 참다운 앎이라는 사실을 오늘도 안경을 바꾸어 쓰며 느낀다.

무엇은 되고
무엇은 안 되는 이유

칸트, 이성의 내면적 도덕률에 따른 행위

> "우리는 법에 의해 도덕적이 되는 것이 아니라
> 도덕적이기에 법을 지키는 것이다."
> – 임마누엘 칸트

"선생님, 스타킹에 줄 갔어요."

"왜요? 청바지는 일부러 찢어 입기도 하는데, 스타킹은 안 되나요?"

"그건 다르죠."

"뭐가 어떻게 다른데요?

언젠가 학생과 나눈 약간의 실랑이 섞인 대화다. 왜 우리는 청바지는 되고 양말은 안 된다고 하는지. 살면서 부딪치는 수없이 많은 금기와 금지. 이것은 되고 저것은 안 되는 이유는 무엇인가. 지금까지 그렇게 해왔으니까, 남들이 다 그렇게 하니까, 습관이니까, 관습이니까, 전통이니까, 현실이니까, 불가능하니까, 법이 그러니까 그래야 하는가. 도대체 우리는 무엇에 근거하여 되고 안 되고를 논하는 것일까.

모든 것을 의심하고 회의하며 탐구하는 것이 철학의 역할이라는 고대 탐구자들의 정신을 이어받아 비판철학을 새롭게 제기한 독일의 근대 철학자 칸트는 이에 대해 밖에서 일방적으로 주어지는 강제적인 힘에 의해서가 아니라 누구나 가지고 있는 생각하는 힘인 이성에 근거하여 스스로 판단하고 행할 수 있어야 한다고 이야기한다. 그럴 때에야 자유롭게 생각하고 그에 따르는 책임 또한 질 수 있다며 당위와 의무를 분리하는 것이 아니라 동일시하는 의무론적 도덕론에 근거하여 판단하고 행위할 것을 주장한다. 그는 이성적인 사람은 법이 있기 때문에 지키는 것이 아니라 법이 없어도 자신 안에 있는 자율적 이성에 의하여 무엇을 어떻게 해야 하는지를 안다고 보며, 행위를 이성의 보편성과 필연성, 그리고 자율성에 근거하여 논한다.

우리에게는 타율적인 법 이전에 인간 이성이 있다고 주장하는 칸트는 바로 이 자발성에 근거한 도덕적인 사람이 될 것을 청한다. 하늘에 별이 빛나듯이 인간의 마음에는 누구나 그렇게 알고 행하고자 하는 양심이라는 것이 작동하는데, 칸트는 이를 '정언명령'이라고 한다. "사람은 할 수 있기에 하는 것이 아니라, 해야 하기 때문에 할 수 있다"라며 스스로 생각하고 판단하는 사람은 외재적이고 강제적인 법에 의해서가 아니라 언제 어디서나 누구나 지켜야 하는 도덕의 불멸성, 즉 "그대의 행위가 보편적 법칙과 같은 격률에 입각하도록 행동하라", "사람을 수단이 아닌 목적으로 대하라", "그대의 의지가 보편적 법칙인 것처럼 행동하라" 등과 같은 이성의 내면적 도덕률에 따라 행위한다고 한다. 다시 말해 우리는 법에 의해 도덕적이 되는 것이 아니라 도덕적이기에 법을 지킨다는 말이다. 법이란 자율적 도덕이 제대로 행해지지 않을 때 비로소 요청되는 것으로, 서로 다른 사람들이 같이하는 사회에서 공동체를 유지하기 위해서는 최소한의 규칙과 법이 필요한 것도 사실이지만 결코 법이 최선일 수 없음은 우리가 자율적 이성을 가진 도덕적인 사람이기에 그렇다. 도덕과 자유와 인격은 그런 의미에서 동일하다고 할 수 있다.

그럼에도 우리는 점점 더 법에 의존하고, 그럴수록 법은 점점 더 세분화되고 강화된다. 점점 더 법에 의존해간다는 것은 스스로 생각하고 판단하는 주체이기를 포기하는 일이요, 주체이기를 포기한다는 것은 결국 사람이기를 포기하는 일이다. 그런 의미에서 법의 발달은 인간 문명의 발달이 아니라 인간 자율성의 퇴보를 의미한다고 할 수도 있다. 내가 해야 할 진심 어린 사과도 보험회사에 맡기고, 이웃과의 자그마한 언쟁도 법원으로 가져가는 사람들. 얼굴과 얼굴의 만남이 아닌 온갖 증빙 서류로 대치하는 사회. 먹고 마시고 행하는 것은 물론 속도, 시간, 장소, 배우자에 이르기까지 모든 것이 법으로 문서로 정해지고 다스려지는 사회. 그 사회에서 우리는 "법에 의하면", "법대로 하자", "법이 없으니까" 하면서 도덕이 아닌 법에 의존하여 법만을 부르짖고 있지는 않은지. 우리는 자신이 해야 할 자율적 도덕성을 방기하고 모든 것을 법에 미루며 예수의 무죄를 알면서도 십자가형을 내린 빌라도처럼 손을 씻고 있지는 않나.

그런 의미에서 2016년 발효된 김영란법은 많은 생각을 하게 한다. 한편으로는 사적 영역에 공적 영역이 지나치게 개입할 수 없다며 간통죄를 폐기한 우리 법체계가 그와 반대로 사람이 스스로 생각하고 판단하고 행동해야 하는 세세한 부분까지 일일이 열거하고 제한하는 김영란법을 통과시켰다. 그만큼 우리가 도덕적이지 못하기 때문에 그래서 우리 사회의 많은 부분을 정제할 필요성이 있다는 방증일 것이다. 하지만 중요한 것은 그럼에도 우리가 도덕적 자율성을 가진 주체여야 한다는 사실이다.

우리는 무엇이 되어가고 있는 것일까. 도덕적이지 않은 사람을 과연 잘 산다고 할 수 있는가. 단지 법에 저촉되지 않는다고 올바르다고 할 수는 없다. 그나마 법도 제대로 지켜지지 않는 사회, 사람을 위해 법이 있는지, 법을 위해 사람이 있는지 알 수 없는 사회에서 공적 영역만이 아니라 사적 영역까지도 모두 발달된 기기와 그에 따른 법의 그물망으로 대치되어 버린 사회에서 우리는 무엇이 되어가고 있는지 돌아봐야 한다. 혹 이를 피해 우리는 어두운 밤거리를 헤매고 있는 것은 아닐까? 이미 또 다른 권력이 되어 버린 법에 의해 통제되고 운행되는 사회에서 사람들은 설 자리를 잃고, 법이 미치지 않는 또 다른 시간 공간을 찾아서 유영해가고 있는 것은 아닌가. 어둠에서 상상으로, 다시 가상으로 옮아가며 말이다.

이성이 현실을 낳고
현실은 생각을 낳는다

헤겔의 변증법적 운동

"미네르바의 올빼미는 황혼 녘에 날갯짓을 한다."

－프리드리히 헤겔

세기말의 분위기는 언제나 암울하다. 한데 세기말도 아닌 지금 왜 모든 것이 이렇게 어둡고 힘겨울까. 젊은 친구들은 일할 곳을 찾지 못하고, 조기 퇴출당한 중년들은 갈 곳이 없어 방황하고, 반기는 이 없는 어르신네는 애꿎은 옷깃만 여민다. 사회가 힘들수록 상대적으로 더 어려워지는 여성의 취업, 적은 돈이라도 벌기 위해 집을 나선 주부들은 가사와 업무라는 이중의 어려움 앞에서 때로 자존심과 수치심을 바꾸기도 한다. 청소년은 모든 것을 유보하고 불투명한 미래를 위해 현재를 담보한 채 오직 스펙 쌓기에만 매달리고, 맞벌이에 부모를 잃은 아이들은 사람이 아닌 기계와 친구하며 시간을 보낸다. 어린 사람부터 나이 많은 어르신네에 이르기까지 남녀노소를 불문하고 지금 여기를 사는 우리네의 삶은 모두가 녹록하지가 않다.

그래서일까. 삶의 의미를 상실함으로써 오는 우울증과 그로 인한 자살이 사고나 질병 내지는 자연사보다도 많은 것이. 굳이 세계 1, 2위라는 부끄러운 자료를 참조하지 않아도 지금 우리 삶이 얼마나 팍팍하고 힘든가를 우리 모두는 뼈저리게 느끼고 있다. 힘든 삶을 원하는 사람은 아무도 없을 텐데, 사람들의 바람과 달리 사회는 왜 이리 점점 힘들어지는 것일까. 도대체 원인이 뭘까. 정치인의 무능 때문일까. 자원 고갈로 인한 실물경제의 한계일까. 아니면 자연적이고 필연적으로 나타나는 하나의 현상일까. 그것도 아니라면 정말 종말적 현상일까. 그렇다면 지금보다 훨씬 물자도 부족하고 정치적으로도 혼란스러웠던 시절에 사람들은 어떻게 살았나.

18세기 후반 독일은 정치적 경제적으로는 물론 도덕적으로도 매우 암울했다. 열악한 자연 조건과 더불어 전쟁의 패전국으로서 지불해야 하는 배상금, 그리고 전범 국가라는 도덕적 무게까지도 짊어져야 했던 독일인들은 희망보다 절망을 먼저 습득할 수밖에 없었다. 그러나 이 시기는 아이러니하게도 독일 지성사에서 매우 찬란하고 풍요로운 시기이기도 하다. 이는 무엇을 말하는 것일까? 정치적 경제적 어려움이 우리 삶을 힘들게는 해도 그것이 곧 삶의 전부일 수는 없다는 뜻 아닐까.

당시 독일 지성을 이끌었던 사람 중에 게오르크 빌헬름 프리드리히 헤겔(Georg Wilhelm Friedrich Hegel, 1770-1831)이 있다. 헤겔은 "이성적인 것은 현실적인 것이요, 현실적인 것은 이성적인 것"이라며 생각하는 일과 현실을 분리하지 않는다. 그는 생각은 곧 현실로 드러나고, 현실은 또한 우리의 생각을 이룬다고 하면서 우리의 생각이 어떻게 현실을 만들고, 또 현실이 어떻게 사람들의 생각을 이루어가는지를 정-반-합이라는 변증법적 운동으로 설명하며 독일이 처한 시대적 어려움을 극복해가려 한다. 그에 따르면 우리의 삶이란 목적을 향해 점진적이고 계속적인 전개를 해나가는 한 과정으로, 비록 지금은 힘들고 모든 것이 우리의 바람과는 거리가 있지만 언제인가는 바라는 바를 이룰 수 있는 것이다. 그런 의미에서 현재는 시간과 더불어 전개될 우리의 바람이 이루어지지 않은 '아직'이며, 미래는 모두가 바라는 바가 이루어지는 '현실'이다.

헤겔은 우리 정신이 어떻게 지식, 사회 정치 제도 등으로 외재화되며 우리 모두가 바라는 사회를 이루어가는지를 '정립These'과 '반정립Antithese', '종합Synthese'이라는 변증법적 3단계 운동으로 설명한다. 이렇게 끊임없이 자기를 완성해가기 위한 노력을 통해 우리의 정신은 주관에서 객관으로, 그리고 다시 절대 이성으로 나아간다. 주관성과 객관성의 변증법적 관계에서 보다 위대한 조화를 향해 나가는 일은 선이며 자유의 실현이자 우리가 추구해야 할 최종 목적이라 이야기하는 것이다. 이에 준하여 헤겔은 '정의'와 '도덕'을 정립과 반정립으로 놓고 이를 변증법적으로 종합한 사회윤리를 논하며, 도덕이라는 보편적 의지가 개인의 의지에 제한을 가하는 의무의 표현으로서 자유와 의무를 구한다.

이처럼 개인보다는 국가를, 주관보다는 객관을 중요시하는 헤겔의 목적론적 변증법은 우리에게 보다 거대한 목적을 향해 꾸준히 변증법적 운동을 해나갈 것을 요구한다. 이때 긍정성뿐 아니라 부정성까지 아우르며 새로운 단계로 도약하는 동원動源으로 삼는다는 면에서 그의 목적론적 변증법은 시사하는 바가 크다. 그동안 우리가 이것은 저렇고 저것은 이래서 문제고 허물이며 모자람이라 하며 배제하고 제거하려 했다면 헤겔은 그 모든 것을 다 같이 함께하면서 새로움을 낳아가는 원동력으로 과감하게 껴안는다. 그런 태도에서 우리는 내 앞에 있는 부정이나 모순을 배제하거나 분리하려고만 하는 게 아니라 오히려 그것을 새로운 동인으로 여기는 태도를 배울 수 있지 않을까.

헤겔의 이러한 생각을 가장 잘 드러내 보여주는 것이 "미네르바의 올빼미는 황혼 녘에 날갯짓을 한다"라는 말이다. 어둠이 내리면 대다수의 사람들은 잠이 들지만 미네르바의 올빼미는 어둠을 뚫고 날개를 펼친다는 이 말은 아침을 여는 사람은, 새로운 시대를 여는 사람은, 밤이 깊고 힘이 들수록, 시대가 어려울수록 깨어서 날갯짓을 한다는 의미다. 어둠이 깊을수록 새벽이 가깝다는 것을 아는 사람은 어둠 속에서 깨어 새벽을 준비하고자 한다. 어두울수록 빛이 더 요구되듯 시대가 어렵고 힘들수록 깨어 있는 정신이 더 필요하다. 어둠은 분명 우리를 힘들게 하지만 우리의 꿈과 바람을 실현해갈 기회이기도 하다. 깨어 있는 자만이 새날과 새 삶과 새 시대를 마주할 수 있기에, 아직 오지 않은 최고의 순간을 위해 깨어 있으라는 이 말처럼 우리도 깨어서 지금 우리를 둘러싸고 있는 어둠을 걷어내야 하지 않을까.

우리의 판단을
다시 재판정에 세우다
흄의 인상과 감상

> "인과성은 단지 경험에 의해 생기는
> 정신의 '연상 습관'일 뿐이다."
> ─데이비드 **흄**

우리는 무엇을 얼마만큼 알 수 있고 알고 있나. 텔레비전에 나와 자신이 알고 있는 지식에 대해 확고하게 말하는 저 사람들이 말하고 있는 지식이라는 것도 알고 보면 그것을 그렇게 여기는 하나의 지적 체계에 지나지 않는 것이 아닐까. 그럼에도 어떤 사안을 놓고 단언하며 다투기까지 하는 이들을 보면 왜 피타고라스가 관조를 이야기했는지, 왜 푸코가 밖으로부터 사유할 것을 이야기했는지, 왜 비트겐슈타인이 손가락이 아닌 달을 보라 했는지, 왜 하이데거가 사유의 오솔길을 나그네가 되어 늘 걸어가라 했는지 알 것 같다.

참된 사유는 그것을 그것으로 여기는 바로 그것을 사유할 수 있어야 하는 것이 아닐까. 그런데도 우리는 여전히 어느 한쪽에 서서 자기가 아는 것을 절대화하기를 두려워하지 않는다. 사람을 상담한다는 사람들이 살아 있는 사람을 자신들이 배운 이론에 근거하여 이러 쿵저러쿵 단언하는 것을 보면 마치 의학이 살아 있는 사람을 보지 않고 죽어 있는 시체만 해부해보고 말하는 것 같다. 영양학자가 조리된 음식이 아닌 식재료의 성분만 분석하고 좋다 나쁘다 이야기하는 비현실적인 말처럼 말이다. 우리도 실은 나의 '시선의 저울'에 올려놓고 말하기를 두려워하지 않는다. 실제로 우리는 그것에 대해 얼마만큼 알까. 정말 우리가 알기나 하나. 아니 알 수는 있는 것일까. 그렇게 말할 지적 확실함이 우리에게 있기는 한 것일까.

영국의 철학자 데이비드 흄(David Hume, 1711-1776)은 바로 이러한 문제에 골몰한다. 그는 이를 위해 모든 형이상학적인 요소를 배제하고 순수하게 경험적 방법에 근거하여 가장 엄밀하고 질서정연한 논리 체계를 따라 인간 본성을 살핀다. 즉 인간의 본성, 특히 인간 정신의 여러 작용들에 대해 확실히 알기를 원하는 흄은 과학적 방법으로 인간 사유의 기계적 구조를 기술하기는 불가능하다는 사실을 깨닫고 우리 사유의 인식 범위가 얼마나 제한적인지를 밝혀 보이고자 한다.

1739년 출판된 그의 역작 『인성론 A Treatise of Human Nature』에는 바로 이러한 그의 고심이 아주 잘 기술되어 있다. 여기에서 그는 정신의 내용은 감관이나 경험에 의해 물질로 환원될 수 있다고 하며 그러한 물질을 '지각'이라 부르고, 지각은 '인상'과 '관념'의 두 가지 형태를 가지는바, 이 둘의 차이는 '생생함'에서 비롯된다고 한다. 그에 따르면 지각은 인상에서 시작하며 그것의 반성이 관념이다. 인상

없이는 관념이 있을 수 없으나 모든 관념이 그에 대응하는 인상을 가지는 것은 아니다. 관념은 감관과 경험에서 주어진 물질을 혼합하고 전치시키며 감소시키는 정신의 능력에 의해 주어진 산물로, 흄은 신도 선과 지혜의 성질을 무한대로 증진시킨 하나의 관념이라 한다.

그러나 관념은 우연이 아닌 보편화된 '친절한 힘'에 의해 '유사성'과 시공간적인 '근접성', 그리고 '인과성'에 따라 최적의 상태로 결합하여 생긴다. 이때 지식의 타당성과 관련하여 중요한 역할을 하는 인과성은 대상들 간에 근접의 관계, 시간의 선행성, 필연적 관계 등을 경험하면서 생겨나는데, 우리는 마치 그것을 알고 있는 듯 이야기하지만, 사실 이는 관찰 대상의 성질이 아니라 경험에 의해 생기는 정신의 '연상 습관'에 지나지 않는다고 한다. 그러므로 흄은 우리의 사유 작용이나 추론도 '일종의 감각'에 지나지 않는다고 주장한다.

이처럼 자아는 물론 실체, 신까지도 회의하는 흄의 극단적 경험론은 자아란 단지 상이한 지각들의 묶음 또는 집합에 불과하며, 자아라는 지속적인 '자기동일성self-identity'은 단지 기억의 힘 외에 다른 것이 아니라 한다. 우리의 정신이란 지각들이 계속적으로 현상을 만들어내는 극장 같은 것으로, 우리는 특별한 성질들의 집합 관념과 구별되는 실체의 관념은 가지고 있지 않다는 것이다. 달리 이야기하면 우리 외부에 사물이 독립적으로 존재하는 것을 과연 우리가 알수 있는가 하는 문제로, 흄은 우리가 알 수 있는 것은 사물이 아니라 단지 그것의 인상이며 우리 정신은 인상이나 관념을 넘어서 있는 그 무엇에 대해 알지 못한다고 한다. 우리는 단지 나의 자아라는 제한된 한계 안에서만 지각하고 있을 뿐, 우주도 상상 속에 이루어진 관념이라는 것이다. 흄은 어떤 사물이 외부에 존재한다고 생각하는 것은 변화 속에 있는 정합성과 인상들의 불변성에 의해 만들어진 하나의 상상의 산물로, 그것은 신념에 따르는 것이지 합리적인 것은 아니라고 하는 것이다.

흄은 윤리에 대해서도 이와 다르지 않게 이야기한다. 윤리는 대상이 문제가 아니라 그것을 대하는 우리의 태도, 사실의 문제가 아닌 도덕적 감정이 문제라는 것이다. 다시 말해 사람들 사이에 유용성에 근거하여 암묵적으로 공감하며 있는 정서적 반응인 도덕적 승인이 바로 윤리라 하는 것이다. 그리고 정의 역시 공감이라는 인간의 불안정한 기능과 정서에 기초한 공리에 따른다고 말한다.

흄의 이러한 주장에 비추어 보면 그동안 우리가 객관적이고 엄정한 것이라 여긴 것들도 실은 감정과 공감, 그리고 유용성이라는 공리에 따른 판단이라 해야 맞는다. 우리의 판단력에는 그와 관계되는 다른 사회적 함수가 같이 작동되기 때문에, 그것이 윤리로 정의로 지식으로 말해진다고 해서 그 어떤 것을 절대화할 것이 아니라 의심하고 회의하고 사유할 수 있어야 한다는 것이리라. 그렇다며 사건과 사실의 객관적 보도를 생명으로 여기는 뉴스를 볼 때도 무엇을 머리기사로 하고, 어떤 각도에서 사진을 찍으며, 어떤 크기로 기사를 내보내는지 살펴보아야 할 것이다. 너의 확언과 나의 단정도 재판정에 세워 너는 무엇에 근거하고 나는 무엇에 의지했는지, 무엇이 우리를 확언하고 확신에 차게 했는지에 대해서도 돌아보아야 할 것이다. 항아리 안의 개구리처럼 올려다본 하늘. 그 크기로 저마다 하늘을 이야기하는 개구리들의 소란스러운 울음을 그치고 이제 소크라테스가 이야기하듯이 자기 자신의 무지를 아는 앎을 회의를 통해 다시 구해보아야 할 때다.

우리에게 종교란
무엇일까

에라스뮈스의 소박한 믿음

"참된 종교는 머리가 아닌 가슴에 있다."
- 데시데리위스 에라스뮈스

불빛이 보이는 것이 이제 다 왔나 보다. 긴 시간 좁은 공간에서 가만히 앉아 있는 일도 이제는 쉽지 않다. 한데 이 어두운 밤, 저 많은 붉은 불빛은 어디서 빛나는 것인가. 야심한 시각, 잠들지 않고 불을 밝힌 채 첨탑 위에 서 있는 저들은 무엇인가. 바다에서 빛을 밝히는 등대처럼 이 불빛들도 어둠 속에 길을 찾지 못하는 사람들 때문인가. 고흐의 〈별이 빛나는 밤〉 속 교회는 불을 끄고 있는데 이 거리에는 십자가가 너무도 많고 환하다.

그러고 보니 4차 산업혁명을 이야기하는 이 시대에도 종교와 관련된 공간이 결코 적지 않다. 교회, 성당, 절만이 아니라 신년에 운세를 보는 일부터 입시철 교문 앞에서 기도하는 모습, 이제는 축제가 되어버린 성탄과 보신각종 타종 행사까지. 그것이 종교인지 아닌지 구별조차 하기 어렵다. 그만큼 종교는 생각보다 훨씬 많이 우리 삶 곳곳에 깊숙이 들어와 있다. 집안의 장례식, 결혼 전 보는 궁합과 사주, 저마다 간절한 바람을 품고 드리는 삼천 배를 비롯한 철야기도, 백일기도 등 온갖 욕망과 희구를 담은 기도도 모두 종교의 한 형태다. 경치가 좋은 곳에는 어김없이 사찰이 들어서 있고, 지역의 높은 곳에는 성당이, 교통이 좋은 곳에는 교회가, 사람이 붐비는 곳에는 타로점집, 철학관 같은 온갖 점집들이 자리하고 있다. 그뿐인가. 기도원, 수도원의 이름으로 차지하고 있는 계곡 계곡의 요새들, 성지로 명명된 관광지들도 헤아릴 수 없이 많다.

이 땅만 봐도 그러할진대 세계에서 종교와 관련된 공간을 합치면 얼마나 될까. 지구 상에 종교를 가진 사람과 가지지 않는 사람, 어느 쪽이 더 많을까. 왜 이렇게 많은 사람들이 종교를 믿으며, 왜 세상에는 이렇게 많은 종교가 있는 것일까. 신이 있어 종교가 가능한 것인지, 사람이 종교를 만들고 신을 이야기하는 것인지. 어떤 사람은 종교에 빠져 문제고, 또 어떤 사람은 종교 덕분에 살아가기도 한다. 그런데 모든 종교는 다 서로를 사랑하라 가르치면서, 정작 그들은 사랑을 실천하지 않는다. 오히려 자신들만이 옳다 하며 다른 종교를 핍박한다. 사람들은 왜 그토록 종교에 헌신하며 자기만 옳다고 고집하는 것일까. 첨단 과학 시대라 하는 현대 사회에서도 종교는 여전히 필요한가. 종교란 뭘까. 도대체 무엇이 종교를 종교이게 하는 것일까.

사람마다 이에 대한 의견이 분분하다. 어떤 이들은 무언가를 절대시하는 모든 것이 종교라 하기도 하고, 막연한 힘에 대한 두려움을 종교의 기원으로 보는 사람도 있으며, 절대 의존의 감정을 종교적 믿음과 연결해 설명하는 사람도 있다. 그리고 공동체가 공동으로 고백하는 신앙이나 신을 전제해야 한다는 사람도 있다. 더 넓게는 도덕의 근거로서의 도덕 종교를 이야기하기도 하고, 과학에 의한 실증 종교를 이야기하는 사람도 있으며, 종교란 사람들의 바람을 밖으로 외연화하고 스스로 이를 믿는 것 이상은 아니라 하는 사람도 있다. 또 종교는 사람을 강하게 하기는커녕 의존적으로 만드는 아편 같은 것이라 하기도 한다. 또 어떤 형태나 집단을 지칭하는 것이 아니라 자기를 넘어서고자 하는 초월에 대한 희구야말로 인간에게 있는 종교적 심성이기에 우리 모두는 종교인이라 하며 무교주의를 주창하는 이들도 있다. 이렇게 종교에 대한 서로 다른 의견만큼 세상에는 정말 다양한 종교들이 있다. 그러나 그것이 어떠한 형태, 어떠한 교리, 어떠한 주장을 한다 하여도 종교 역시도 인간이 인간 앞에 놓여 있는 문제를 지혜롭게 헤쳐나가기 위한 하나의 방편은 아닐까.

르네상스 시대를 연 데시데리우스 에라스뮈스(Desiderius Erasmus, 1466-1536)는 참된 종교는 가슴에 있는 것이지 머리에 있지 않다며 단순하고 소박한 믿음을 강조한다. 이는 실제로 중세의 종교가 지나치게 제도화되고 비대해졌고, 믿음이 아닌 지나친 이성 중심의 교리 종교가 되었다는 문제의식에서 시작되었다. 에라스뮈스는 그리하여 종교의 참된 본질이 무엇인가를 물으며 과도한 이성론에 의해 전도된 종교의 본래성을 회복하고자 고대 인문학과의 조화를 시도하며 종교에 새로운 바람을 불어넣는다. 그가 1511년에 쓴 『우신 예찬*Stultitiae Laus*』은 바로 이러한 그의 사상을 담아낸 매우 혁신적인 책이다.

그가 볼 때 중세의 기독교는 실제로 지나치게 과장되고 복잡화되었을 뿐 아니라 쓸데없이 논쟁적이고 이론적이었다. 그는 참된 종교란 이와 달리 매우 단순하고 소박한 믿음에 있다며, 사람들이 종교의 횡포와 환상에서 벗어나 참된 종교를 갖기 위해 종교에 대한 무지와 어리석음에서 벗어나야 한다고 주장하면서 이를 위한 교육에 힘쓴다. 그는 『자유의지론*De libero arbitrio diatribe sive collatio*』에서 사람에게는 도덕을 개선할 수 있는 역량이 있다고 밝히고, 그 자신이 고대의 문헌을 읽고 번역하고 출판하고 비판하는 일에 헌신함으로써 사람들이 참다운 종교에 눈을 뜰 수 있는 토대를 만들어간다. 즉 성서에서 말하는 언어의 본래적 의미를 고대 언어를 통해 확연하게 밝혀 기독교 신앙의 본래적 의미를 사람들이 되찾기를 희망한다.

그의 이러한 노력 덕분에 사람들은 고대 문헌에 관심을 가지게 되었고 참다운 종교에 눈을 뜨게 되었으며 비판적인 시선으로 종교를 보고 새로운 변화를 열망하기에 이른다. 그 대표적인 인물이 바로 마르틴 루터(Martin Luther, 1483-1546)다. 루터는 후에 에라스뮈스를 비판하지만 본인이 인정하든 하지 않든, 루터는 에라스뮈스의 세례를 받은 사람이 분명하다. 모든 것은 앞서 노력한 사람들이 만들어낸 토양 위에서 이루어지기 마련으로, 루터가 교황의 전횡에 맞서 "오직 성서에 근거한 믿음으로만"이라는 슬로건 아래 1517년 종교개혁을 일으키게 된 것도 에라스뮈스의 영향이 크다.

절대 불변의 신을 이야기하는 종교도 역사 안에서 늘 변화하고, 사람들이 숭상하는 교리도 역사 안에서 만들어졌다는 사실은 무엇을 의미할까. 무에서 창조를 이야기한 성 아우구스티누스가 서기 354에 태어난 사람이라는 사실은 무엇을 이야기하는 것인가. 시간 안에 사는 사람이 시간을 넘어 과연 얼마큼 사실에 근거하여 이야기할 수 있을까. 믿음을 믿음이 아닌 사실로 대치하면 어떠한 일이 생기나. 자신의 우매함을 극복하기보다 오히려 남에게 강요한다면 그러한 일을 우리는 옳다 할 수 있을까. 종교가 종교이지 못하고 이데올로기가 되는 까닭은 무엇인가. 종교가 우리 삶에 빈 여백, 공간, 쉼으로서가 아니라 자꾸 다른 것들처럼 권력으로서 채우고 메워가려 한다면 이에 대해 우리는 어떤 태도를 취해야 하나. 종교, 그것 참 끈질기다. 그렇기에 참된 종교를 염원하는 우리도 참 끈질겨야 한다.

믿기 위해 이해하는가,
이해하기 위해 믿는가

안셀무스, 신의 존재 증명

> "나는 믿기 위해 이해하는 것이 아니라
> 이해하기 위해 믿는다."
> — 안셀무스

최첨단 정보 기술 시대인 오늘날에도 종교의 힘은 여전하다. 오래전 중세가 지나고 과학의 시대를 이끈 근대도 지나, 서로 다른 차이를 가진 이들과 조화를 강조하는 문화·예술의 시대를 빠르게 지나치며 가상현실을 열어가는 이 시대에도 종교는 여전히 우리네 삶에 막강한 힘을 미치고 있는 것이다. IT와 BT, 그리고 NT와 ET를 넘어 우주 항공을 논하는 ST를 추구하는 시대에도 정치가는 여전히 무속인을 찾고, 대선 주자는 어김없이 종교단체를 방문한다. 사람들은 왜 아직도 종교를 떠나보내지 못하는 것일까. 이 세상에 일정한 시간을 살다 가야 하는 까닭에 어쩔 수 없이 종교인이 될 수밖에 없는 것일까. 어쩌면 가상현실이라는 것도 세속화된 형태의 또 다른 종교는 아닐까. 어찌되었든 사람들은 지금도 여전히 이전과 다를 바 없이 자신들의 바람과 희망을 종교를 통해 기원한다.

문제는 그것이 이따금 다른 사람들이 이해할 수 없는 방식이나 태도를 취할 때다. 그래서 종교 간에 다투기도 하고, 종교적 신념을 위해 극단적인 행동을 하기도 하며, 다른 사람의 자유나 권리를 아무렇지 않게 침해하기도 한다. 물론 신앙의 힘으로 위험을 무릅쓰고 다른 사람들을 위해 헌신하는 종교인도 있긴 하지만 종교라는 이름으로 자행되는 폭력 또한 무수히 많다.

이스라엘과 레바논 사이에 벌어진 폭력 사태를 비롯하여 자살 폭탄 테러, 절에 가서 땅 밟기를 하는 기독교인들, 교정에 서 있는 장승에 붉은 페인트칠을 거침없이 하는 이들, 제사 문제를 놓고 대립하는 가족들, 종교가 다르다고 결혼을 반대하는 부모 등 우리는 종교로 인해 마음의 평안을 얻기도 하지만 종교로 인하여 갈등을 겪기도 한다. 도대체 종교란 뭘까. 사람들이 신앙하는 신이란 어떠한 존재인가. 사람들이 믿는 그런 신이 실제로 존재하기는 하나. 신이 존재한다 해도 우리는 이러한 신을 어떻게 알 수 있을까.

이는 비단 지금 우리들만의 물음은 아니다. 어쩌면 종교 시대라 불리는 중세는 그런 물음이 너무나 간절한 나머지 종교의 시대가 된 것일지도 모른다. 해소되지 않는 물음으로 인하여 그들은 오히려 더 믿음을 강조한 것이 아닐까. 이에 대해 이탈리아 출신의 스콜라 철학자 안셀무스(Anselmus, 1033-1109)는 세상에 사물이 존재하듯이, 신 역시 실제로 존재한다며 신에 대한 의심을 거둘 것을 청한다. 신의 실재를 주장하는 그에 따르면 개별적 사람이 사람이면서 동시에 보편적 인간이기도 하듯이 신도 각각의 위격persona을 가지면서 전체적으로는 하나의 보편적인 신이기도 하다. 또 신은 이성적 접근은 가능하나 이성적 사유에 의해 발견되는 것은 아니며, 오직 신앙에 의해서만 알 수 있다. 다른 말로 하면 '나는 믿기 위해 이해하는 것이 아니라 이해하기 위해 믿는다'라는 것이다.

그는 『독어록Monologium』과 『대어록Proslogium』에서 신 존재에 대하여 세 가지 철학적 논증을 한다. 첫째는 사람은 누구나 선한 것을 추구한다는 면에서 선한 것을 보증하고 판단할 수 있는 그 무엇이 존재해야 한다는 것, 둘째는 이 세상에 존재하는 것은 그것이 존재하게 된 원인이 있는바, 그 존재 원인은 그 자체로 존재해야만 한다는 것이다. 그리고 셋째는 존재하는 것에는 여러 정도와 단계가 있기 마련인데, 이를 소급해 올라가면 최상의 완전한 존재에 도달하게 되고, 바로 이것이 신이라는 것이다. 이처럼 신은 경험적이거나 논증적으로가 아니라 매우 사변적으로 증명할 수 있는 존재다. 안셀무스에 따르면 신은 존재하는 것 중 가장 위대한 존재이며 실제로 존재하지 않으면 위대할 수 없기에 가장 위대한 존재는 실제로 존재해야 한다. 정리하자면 가장 위대한 존재인 신은 우리가 알 수 있는 대상이 아니라 믿음의 대상이며, 우리는 믿기 위해 이해하는 것이 아니라 이해하기 위해 믿는다고 말하며 '이해를 추구하는 신앙'을 주장한다.

그렇다면 믿기 위해 이해하는 것과 이해하기 위해 믿는 것은 어떻게 다른가. 믿기 위해 이해한다는 것은 이해되어야 믿을 수 있다는 말일까? 믿음의 대상을 전제하고 이를 믿기 위해 이해한다는 것인지 아니면 우리의 이성 능력에 따라 이해를 추구하고 그에 따라 믿음을 갖는다는 것인지 분간하기가 어렵다. 그런데 일정한 시간과 공간 안에 사는 우리가 과연 이를 넘어서 무한을 사유할 수 있을까. 아니면 우리 인식의 한계를 인정하고 그 안에서만 신앙해야 하는 것일까. 이성과 믿음의 거리는 얼마나 멀고 가까울까.

말할 수 없는 것에 대해서는 침묵해야 한다며 더 이상 신이 아닌 우리가 알 수 있는 이성의 한계 내에서 이야기할 것을 요구하는 근대인들에게 종교란 어쩌면 제한된 시간과 공간을 살아가는 사람이 이를 극복하고자 하는 하나의 방편 같은 것일지도 모른다. 철학이 그랬듯이 그리고 이후 과학과 예술이 우리의 삶을 보다 높은 차원으로 승화시키기 위해 추구되었듯 종교도 그런 게 아닐까. 우리의 사고가 각자 서 있는 터 위에서 모든 것들과 같이 하나로 이루어지는 것이라 한다면 종교 역시 마찬가지일 것이다. 살고 있는 시간과 역사, 심지어 자연환경에 따라 우리가 서로 다른 상징체계와 기호, 가치, 제도, 문화, 사회, 법을 가지듯 종교도 그렇지 않은가. 저마다 다른 삶의 터전을 살아온 사람들이 같은 생각, 같은 신념, 같은 언어, 같은 습관 풍습을 가질 수 없듯이 말이다. 그럼에도 같은 신념 체계, 같은 고백 언어처럼 같은 것만을 강요하는 종교는 우리를 구원하는 것이 아니라 슬프고 고통스럽게 하기도 한다.

우리가 너무나 잘 알듯이 종교는 때로 새로운 세상을 열어주기도 하지만 사람을 억압하고 제한하고 가두기도 한다. 종교 교리는 사람을 깨우치기도 하지만 심하게 우매화시키기도 한다. 종교적인 사람은 사랑이 많기도 하지만 편파적이기도 하다. 종교적 신념을 위해 헌신하는 사람들은 아름답지만 자신의 종교적 신념 체계를 강제하는 사람은 오히려 추하기도 하다. 종교적으로 사는 일은 고매하다 할 수도 있지만 때론 고민 없는 삶일 수도 있다. 종교인은 자유로운 것 같지만 반대로 매여 있기도 하고, 믿음은 그를 살리기도 하지만 죽이기도 한다. 그래서 우리는 믿기 위해 이해하기도 해야 하지만 이해하기 위해 믿기도 해야 하는 것은 아닐지 모르겠다.

　종교적 신념 때문에 칼럼니스트가 살해되고, 어린 소년이 몸에 폭탄을 두르고 성전聖戰을 외친다. 제사 문제로 이혼하는 부부, 성도를 성폭행하는 성직자, 사찰을 사수하기 위해 폭력을 휘두르는 승려들을 왜일까. 우리는 무엇을 위해 무엇을 신앙하는가. 신도들이 자진해 기부하는 헌금, 믿음으로 제공하는 노동력, 세금 면제 혜택까지 누리며, 종말과 심판, 그리고 천국과 부활이라는 복지 정책으로 인하여 노동쟁의도 없다. 그렇기에 절대 망하지 않는 종교 산업은 과학이 발달해도 형태만 달리할 뿐 그 영향력은 결코 약화되지 않는다. 백화점을 운영하는 재벌처럼 지하철을 유치하고, 재개발지를 선점하는 종교는 이제 문화의 옷까지 입는다. 그렇게 여전히 사람들의 삶에 영향력을 행사하는 종교를 우리는 믿어야 하는가. 이해해야 하는가. 사유해야 하는가. 비판해야 하는가.

머리가 아닌
마음으로 사유하기

파스칼의 직관론

"마음은 이성이 이해하지 못하는 이유를 알고 있다."
– 블레즈 파스칼

강원도에서 청소년 시설을 운영하는 친구가 오랜만에 차 한잔을 제안한다. 시설을 운영하며 겪는 이런저런 어려움을 누군가에게 하소연하고 싶었으리라. 법대로 되는 것도 아니고 아닌 것도 아닌 그 사이에서 흘려보내는 시간과 경제적 비용이 감당하기 어렵기도 하고 그런 상황이 못 견디게 화가 나기도 했다는 친구, 그럴 때마다 일에 매달리며 극한 생각을 이겨왔다는 친구는 어느 날 나무를 하러 산에 갔다가 깨달은 이야기를 들려준다. 이야기인즉, 너무 힘들어 숲 속에 잠시 누워 하늘을 올려다보니 나무가 저마다 하늘을 향해 뻗어 있는데 어느 것 하나 똑바른 것이 없더란다. 똑바른 것은 콘크리트 건물처럼 죽어 있는 것들만이 똑바를 뿐, 살아 있는 것들은 모두 저 나무들처럼 이리저리 비틀려 있더라는 것이다. 친구는 그런 나무들을 보며 마음을 다스리게 되었다고 하면서 그 덕분에 오늘 같은 여유도 부리게 되었다며 웃는다.

친구를 만나 반갑기도 하고 마음에 평안을 얻었다니 다행이다 싶으면서도 이런저런 힘든 일을 겪은 모습을 보니 마음이 짠하다. 행복은 다른 것이 아닌 마음의 평정, 즉 아타락시아ataraxia라고 한 에피쿠로스의 말이 아니더라도 우리는 무엇보다 마음의 평안이 중요하다는 것을 너무도 잘 알고 있다. 그래서 육신의 고통과 정신의 불안을 넘어서야 비로소 얻게 되는 자유로운 상태인 마음의 평정을 위해 동서양의 많은 현인들이 마음공부를 이야기한 것이리라. 친구와 헤어져 집으로 돌아가는 길, 한 치의 오차도 없이 치솟은 도심의 건물과 달리 이리저리 방향을 틀며 위로 향하고 있는 길가의 가로수를 보며 나 또한 마음을 다스린다.

대학에서 철학을 가르친다는 나는 늘 머리로 이성으로 이론으로 논리로 이야기하지만, 친구는 마주하는 구체적 현실 안에서 온몸으로 부딪치며 경험하며 깨닫고 터득한 삶의 철학을 하고 있다. 친구야말로 진정한 철학자인 듯싶다. 우리는 살아 있는 구체적 현실을 죽어 있는 이론이나 논리로 재단하며 이를 당연시할 뿐만 아니라 우월시하기를 즐긴다. 굳이 그럴 이유가 없는 것들도 그 근거를 논리적으로 설명하도록 강제하면서 말이다. 그렇지 않을 경우 설득력 없는 신화적 공상이나 망상 내지는 환상과 같은 허황한 말로 치부하고, 증거 불충분이라는 이름으로 불이익을 주기도 한다. 그렇기에 법정에서는 비싼 비용을 지불하며 논리적으로 잘 설명할 수 있는 변호사를 대동한다.

그런데 과연 우리는 모든 것들을 이성적으로, 논리적으로 설명할 수 있는가. 우리네 삶에는 논리적으로 설명할 수 있는 것보다 설명할 수 없는 것들이 더 많지 않나. 사랑, 사람, 신, 예술, 도덕, 경험, 신앙, 우정같이 우리 삶에 중요한 것들을 도대체 어떻게 증명하고 논리적으로 설명할 수 있나. 자신의 출생은 물론 자신에 대해서조차도 객관적이고 논리적으로 이야기할 수 없는 우리가 툭하면 이유가 뭐야, 왜 그래, 잘 말해봐, 앞뒤가 하나도 맞지 않잖아 하면서 머뭇거리는 아이들을 다그치기도 하고, 그렇게 말하지 못하는 이들을 비이성적이라 비하하기도 하며, 감정에 호소하는 사람을 무지하다 몰아붙이기도 한다.

이러한 상황에 이유 있는 항변을 하는 사람이 블레즈 파스칼(Blaise Pascal, 1623-1662)이다. 파스칼은 사람은 자연에서 흔들리는 갈대처럼 늘 방황하는 유약한 존재지만, 생각하는 갈대이기에 위대하다고 한다. 그런데 우리는 머리로 하는 이성의 작용에 의해서가 아닌 감정에 근거하여 온 마음으로 생각하기에 머리가 아닌 마음에서 더 많은 깨달음을 얻을 수 있다 한다. 우리의 '마음'은 이성이 이해하지 못하는 이유까지 알고 있다고 말하는 그는 마음에 의한 새로운 사유 방식, 즉 직관론을 이야기한다. 이때 마음이란 단순히 신체의 한 부분이 아닌 특별한 통찰력으로, 우리는 우리에게 주어진 사태, 사건, 사물을 합리적 증명에 의해서보다는 마음의 통찰력에 의해 직접적이고 즉각적으로 보다 더 잘 알 수 있다. 파스칼은 이성보다는 마음이 더 많은 것을 전체적으로 파악할 수 있으며 마음이야말로 진리에 가깝다 한다.

이성이 채 파악하지 못하고 다루지 못하는 것들까지도 더 많이 알려준다는 파스칼의 마음으로 사유하기는 이성에 의한 엄격한 사유 작용을 느낌이나 감정의 요소로 대체하고자 하는 시도라 할 수 있다. 이는 그가 살았던 시대 상황과 무관하지 않은데, 실제로 파스칼은 자신이 살고 있는 세계와 종교가 주장하는 금욕 생활 사이에서 내적 갈등을 겪으며 종교에 의해 억압당하고 있던 감정의 문제를 과감하게 살려내고 싶어 했다. 당시 신앙은 부재하고 형식적 제의만 수호하는 가톨릭과 예수회 신부들의 해이해진 도덕성을 문제시하던 파스칼은 도덕성과 영성靈性은 결코 분리될 수 없다고 주장한다. 그러면서 성직자와 신자에게 불공평하게 적용되는 이중적인 도덕률을 거부하고 구원에 이르는 참다운 길은 도덕성을 상실한 성직자들의 권고나 훈계가 아니라 사랑과 진심에서 우러나오는 진리에 대한 갈망에 있다고 말한다. 파스칼은 마음이 향하는 것과 달리 앞서 주어져 있는 규율, 도덕, 전통을 따르는 불일치를 과감하게 버리고 기꺼이 자신의 마음에 따를 것을 권하며 그동안 억눌린 사람들의 심성을 되살리고 이성보다는 감성을, 교리보다는 신앙을, 머리보다는 가슴으로 뜨겁게 느끼기를 간구한다.

이러한 파스칼의 태도는 종교개혁을 앞당기는 데 결정적 역할을 할 뿐만 아니라 장 자크 루소, 앙리 베르그송, 그리고 실존주의자를 포함한 많은 현대 철학자들에게 지대한 영향을 미치고 있다. 이는 아마도 내용과 방법만 다를 뿐, 이런저런 일들에 이끌려 사는 것은 그때나 지금이나 크게 다르지 않기 때문일 것이다. 혹자는 이 시대를 가리켜 그 어느 때보다도 자기주장이 강한 시대라 하지만 물질의 풍요와 비례해 점점 더 기계화되어가는 현실에서 우리를 우리이게 하는 인간성, 감정, 통찰력의 상실과 결핍, 훼손에 따른 허기와 고갈은 이 시대에도 여전히 파스칼을 부르게 하는 이유이리라.

머리가 아닌 마음으로, 논리보다는 직관으로, 이성보다는 감성으로, 이론보다는 경험을 이야기하는 파스칼은 우리가 상실하고 잃어버리고 있는 것들이 무엇인가를 다시 돌아보게 한다. 감정이 넘쳐서 분노를 조절하지 못하는 것이 문제인지 아니면 이와 반대로 감정이 고갈되고 말라서 다른 사람들의 아픔과 고통에 공감하지 못하는 것이 문제인지. 우리는 본능에 충실한 동물이 되어가고 있는 것인지 감정이 부재한 기계가 되어가고 있는 것인지 묻지 않을 수 없다.

III.

살며
사랑하며
상처받으며

감정과 관계에 대하여

모든
순간의
철학

마음이
번잡할 때

후설, 주관도 객관도 아닌

"우리가 살아가는 생활 세계야말로
모든 학문의 정당성과 확증을 보증하는 토대다."
– 에드문트 후설

사람들과 만나 이야기하고 돌아올 때면 뭔지 모를 헛헛함이 있다.
특히 어떤 일로 많은 말을 해야 했을 때, 뜻하지 않은 이야기를 들었
을 때, 그리고 사람들 간에 서로 사맛디 아니하여 부딪침을 목격했
을 때 바쁜 일을 앞에 놓고도 한참을 그저 보낼 때가 있다. 귀 씻김을
하듯 듣고 일렁이는 생각들을 모두 흘려내 버리고 그저 멍하니 앉아
있는 시간. 그냥 허비되는 아까운 시간 같지만 사실은 우리에게 절
대적으로 필요한 시간이다. 아마 이를 통해 마음의 소란스러움을 내
려놓고 평정을 이루기 때문일 것이다. 어쩌면 스님들의 선 수행도,
인도의 요가도 이런 연장에서 생겨난 것일지 모른다. 그렇다면 모
든 생각을 잠시 중단하고 오로지 지금 여기에서 일어나는 일 자체만
을 문제시할 것을 외친 독일의 철학자 에드문트 후설(Edmund Husserl,

1859-1938)도 같은 이유였을까.

지금은 체코로 편입된 프로스니츠에서 유대 상인의 아들로 태어난 후설은 우리가 무엇을 진정으로 올바르게 판단하고자 한다면 그 어떤 전제나 주관적 감정 어느 쪽에도 이끌리지 않고 현상하는 '사태 그 자체'만을 인식할 때 비로소 가능하다며 새로운 엄밀학으로서 '현상학'을 주창한다. 그가 말하는 '사태 자체'란 어떤 것을 다른 무엇으로 재단하거나 개입하는 것이 아니라 그것이 그것으로 드러나도록 잠시 나의 모든 생각은 물론 객관적이라 여기는 통념 내지는 관습 등과 같은 외부에서 영향을 미치는 모든 것들을 잠시 유보하는 태도를 가리킨다. 마치 물이 고요하면 그 위에 산 그림자가 오롯이 얹히듯이, 후설은 우리의 생각에 영향을 미치는 모든 것들을 잠시 괄호 치고 사태 자체만을 직시함으로써 그 안에서 일어나는 '지향성'을 목도할 것을 주장한다.

그가 볼 때 서양 학문은 자연과학에 지나치게 맹목적으로 매몰되어 있다. 그래서 그는 인간 이성이 나아가야 할 진정한 방향과 목적을 위해 새로운 엄밀학이 요구된다고 주장하며 현상학을 출발시킨다. 자연과학은 살아 있는 유기적인 전체를 죽어 있는 사물로 분석, 분할, 분배하고 이를 수학적 산술의 관계로 대치함으로써 한편으로는 과학의 발달을 가져오기도 하지만, 다른 한편으로는 인간 본성까지도 물질적 재료에 기반한 객관적 사실로 여기는 어리석음을 범하기도 한다. 후설은 자연과학이 가지는 이러한 가정과 방법에 의문을 제기하며 이와는 다른 현상학적 인식 방법으로 새로운 학문적 토대를 마련코자 한다.

이를 위해 그는 기존의 실재와 현상, 자아와 대상이라는 이분법적 구도를 허물고 '사태 그 자체'를 직시함으로써 모든 외적 사물들에 대한 판단과 가정들을 유보하고 도대체 무엇이 우리 의식 안에 현상하는가를 관찰한다. 경험하는 외적 사물들 자체에 대한 모든 전제들을 괄호 치고(에포케epoché) '판단을 중지'함으로 사태 안에서 일어나는 '본질을 직관'하려는 것이다. 모든 판단을 유보하고 명징한 사실 그대로를 직관에 의해 목도하고자 하는 후설은 우리의 의식이 지향하고 있는 '지향성'을 통해 순수 주관성이 인간 경험의 실제적 사실들을 어떻게 기술하고 있는가를 보다 명료하게 드러내 보인다.

그에 따르면 우리의 의식은 항상 무엇을 지향한다. 그런 의미에서 의식은 무엇에 대한 의식이라 할 수 있다. 의식은 지속적인 흐름이나 분리된 무엇이 아니라, 내가 무엇을 지향함으로써 이루어진다. 지향성이란 나와 대상 사이에 일어나는 의식의 관계로, 우리가 지각하는 분리된 지각 대상들은 우리가 무엇을 지향할 때 비로소 생겨난다. 내가 무엇을 지각한다는 것은 제한된 시각, 다시 말해 특정한 조건인 '지평'에서 지각하는 것이다. 이처럼 지각이란 실재의 단편으로, 우리는 그런 단편 속에서 그것을 의도하고 지향하며 있는 것이다. 후설은 이를 사유하는 의식과 사유하는 대상, 즉 '노에시스Noesis'와 '노에마Noema'의 상관관계로 설명한다. 데카르트의 "나는 생각한다"를 "나는 어떤 것에 대하여 생각한다"로 바꾸어 논리보다 경험이 우리의 의식을 보다 정확하게 기술하고 있음을 보여주는 것이다.

이때 후설이 추구하는 것은 의식 있는 삶이다. 그에 따르면 대상은 우리의 의식을 통해 비로소 이야기된다. 세계의 모든 사물은 우리의 의식 안에서 존재가 인식된다. 자아라는 사유의 구조가 모든 대상의 현상을 규정하는 것이다. 이는 경험의 주관적 작용 안에서 현상을 논하는 것으로, 후설은 이 현상하는 세계를 넘어서 있는 그 무엇을 달리 설정하지 않는다. 오히려 현상하는 세계를 넘어서는 또 다른 무엇을 이야기하는 여타의 모든 철학을 거부하고, 우리 정신이 가지는 모든 편견들, 특히 자연과학의 전제들 역시 배제하고 과학 이전의 진정한 자아로 '환원'할 것을 요청한다. 이 환원한 세계가 바로 우리의 일상적인 삶, '생활 세계'다. 후설은 이 현실의 생생한 삶의 전체성으로서의 세계가 있고 이런저런 이론도 구분도 하는 것이지, 이론을 위해 우리가 살아가는 것은 아니라 하며, 생활 세계야말로 모든 학문의 정당성과 확증을 보증하는 토대라고 한다.

그런데도 우리는 모든 것을 과학에, 이론에, 앎에, 지식에 맞추어 산다. 이전에 종교가 그랬듯 지금은 과학이라는 이름으로 본말을 전도시킨다. 이론이 있고 우리가 있는 것이 아니라, 우리가 있고 이를 관찰 분류하여 이렇게 저렇게도 말하는 하나의 해석으로서 이론이 있다는 것을 잊어버린 채 함부로 단정 짓고 평가하며 진단한다. 우리는 살아 있는 생명이고 이론은 죽어 있는 사후 시점이라는 것을, 그래서 그 어떤 이론도 살아 있는 사람을 온전히 설명할 수 없다는 점을 후설은 현상학을 통해 우리에게 이야기한다. 우리가 정말 무엇을 알고자 한다면 기존의 지식, 앎을 유보하고 지금 여기에서 내가 마주하고 만나고 경험하는 것, 즉 나와 대상과의 관계, 사태 자체만을 직시해야 한다. 아는 것이 문제가 아니라 지금 내가 그것과 어떻게 관계하느냐가 문제다.

마치 아내의 이야기를 들으면 아내가 옳고, 어머니의 이야기를 들으면 어머니가 옳은 것 같아 이러지도 저러지도 못하는 남편들처럼, 이 사람의 이야기를 들으면 그것이 옳은 것 같고, 저 사람 이야기를 들으면 저 이야기가 옳은 것 같은, 그래서 무엇이 옳고 그른지 판단하기 어려워 이리저리 휩쓸리는 우리에게 후설은 이야기한다. 그 누구의 말보다 지금 문제 되는 나와 대상 간의 관계, 즉 사태 자체를 직시하여 생각하고 판단하고 행위하는 것이 옳다고.

세상에는 얼마나 많은 부유하는 말들이 있는가. 저마다 강한 어조와 논리로 다양한 이름을 입고 엄밀하게 사유할 기회를 사전에 차단하는 것들이 너무도 많다. 〈뻐꾸기 둥지 위로 날아간 새〉라는 영화에서 볼 수 있듯이 멀쩡한 사람도 자꾸 미쳤다고 하면 실제로 미칠수 있다. 대중매체를 이용한 광고란 바로 이런 것을 효과적으로 이용한 것이 아닐까. 그래서 우리는 신문의 활자도 괄호 치고 판단중지하면서 잘 읽어야 한다. 어쩌면 지금 우리가 지금 알고 있는 지식도 그런 것일지 모른다. 객관과 나의 주관 사이에서 참다움을 일구어내고자 하는 노력, 그것이야말로 지금 정보 홍수 시대를 살아가는 우리에게 정말 필요한 태도가 아닌지 생각해볼 일이다.

너무도 슬퍼서
감당이 되지 않을 때

바르트의 치열한 애도

"사진 속 이미지의 사소한 디테일이 화살처럼 날아와서
내 안에 있는 침묵의 장소에 통렬한 아픔으로 적중한다."
─롤랑 바르트

우리에게는 다른 사람과는 나눌 수 없는 깊은 슬픔이 있다. 가까운
사람의 죽음과 이별로 인한 상실의 아픔, 사랑에 대한 실연과 친구
의 배신, 신체의 병약으로 인한 고통, 사람으로서 견디기 어려운 모
멸감과 자신에게 드는 무능함과 자괴감으로 인한 절망 등 누구에게
나 경중을 가릴 수 없는 아픔과 슬픔, 고통이 다 있다. 내용은 서로
다르지만 모두가 그런 아픔과 슬픔, 고통을 안고 산다. 이 세상에 태
어나기 위해 엄마의 자궁을 찢고 나온 탓일까. 인간에게는 태생적
고통과 분리되는 슬픔, 혼자 됨의 아픔이 있다. 너무도 슬프고 막막
해서 울음조차도 나오지 않을 때, 혼자 어두운 거실에서 꺼이꺼이
울어야 할 때, 힘들다는 말조차 할 수 없어 가슴에 대고 애꿎은 방망
이질만 할 때 난 이 친구를 생각한다. 본 적도 만난 적도 없는 롤랑

바르트(Roland Barthes 1915-1980)라는 이름을 가진 친구를.

돌도 되기 전에 아버지가 전쟁터에서 돌아가셔 어머니와 이모, 할머니와 함께 지내야 했던 바르트, 이후 파리로 가 공부하다가 대학입학 직전인 1934년 폐결핵에 걸려 요양소 생활을 해야 했던 바르트, 그리고 다시 입학을 시도하여 소르본 대학교에 다니던 1941년 다시 병이 발병한 바르트, 때문에 혼자 책을 읽으며 외로움과 두려움을 견디어야 했던 바르트, 어머니의 돌봄 속에 혼자만의 독특한 사유를 형성해간 바르트, 동성애적 성향을 간직하고 살았던 바르트, 박사 학위도 없이 아주 늦은 나이인 62세에 구조주의 기호학자로서 콜레주 드 프랑스의 교수가 된 바르트, 취임 강연 시 병이 깊은 어머니를 맨 앞자리에 모시고 취임 강연을 할 만큼 어머니에 대한 사랑이 극진했던 바르트, 얼마 안 가 어머니가 돌아가시자 『애도 일기』를 쓰며 슬픔을 극복해보려 하지만 1980년 사고로 끝내 유명을 달리한 바르트를.

그는 근대적 이성주의자도 아니고 그렇다고 포스트모더니즘적 이성 부정자도 아닌, 자신만의 독특한 사유를 가졌기에 어떤 중심을 고집하거나 경계를 부인하지 않으며 오히려 이 모두를 넘나드는 부드러운 사유를 한 경계적 지식인이다. 그가 말하는 '부유하는 주체', '유동하는 주체'는 그가 어린 시절을 보낸 다양한 세계로 연결되어 있던 마을 비욘에 대한 기억과 그의 삶에 의존한다. 비욘은 스페인과 프랑스를 이어주는 자연 풍광이 온화한 곳이었다. 그는 전원이 주는 아늑함 속에서 당시 일반적인 사람들과는 달리 아버지의 부재를 통해 생겨난 어머니와의 친밀성, 그리고 어머니를 통해 전해 들은 아버지에 대한 이미지, 아버지를 대신하는 어머니의 엄격함과 따뜻함의 교차로 인하여 탈권위적이고 부드러운 사유를 하는 사람으로 성장한다.

이후 그는 이곳에서의 경험을 토대로 문학, 회화, 사진, 영화를 비롯한 일상 문화의 다양한 영역에 대해 지적 유희를 즐기며 그만의 독특한 사상을 전개해간다. 그의 이러한 지적 유희는 모든 것을 상품화하는 자본주의 문화 시장에 대한 그만의 적극적 대응 방식이었다. 그의 기호론은 문화 현상이 자연 현상으로 위장되는 그 허위 구조를 기호론이라는 과학적 분석 도구를 통해 비판 해체하려는 테러리스트의 시기와, 기호를 더 이상 해체하는 것이 아니라 즐거움의 대상으로 바꾸는 기호 시스템 도취 시기, 그리고 자신만의 고유한 글쓰기를 함으로써 표현 언어의 텍스트들을 낳는 기호와의 유희 시기로 나누어 볼 수 있다.

그러나 이때만 해도 지적 욕망과 즐거움이 그를 이끌었다면 이후의 시기, 어머니 사망 이후의 바르트는 죽음, 연민, 애도에 이끌린다. 사진 작업을 통해 어머니의 이미지를 되살리고자 사진과 나의 관계를 탈주체적 사진 체험이라는 푼크툼punctum으로 만드는 바르트는 내가 사진을 보는 것이 아닌 사진이 나를 응시하는 살아 있는 육체적 관계로 재생시킨다. 그리고 어머니에 대해 치열하게 애도 작업을 하며 『애도 일기』를 쓴다. 그는 여기에서도 주체적인 자신의 경험을 적는 것이 아니라 사진에서 행한 푼크툼처럼 자신의 육체에 기록된

단상들을 순식간에 적어나가는 작업을 시도한다.

이러한 일련의 작업들은 어머니를 잃은 그의 슬픔이 얼마나 큰지 단적으로 보여준다. 어머니에 대한 사랑이 얼마나 크면, 그래서 그 상실의 슬픔이 얼마나 크면, 아니 지성인으로 이룰 수 없는 것들에 대한 상실이 얼마나 내재화되어 있으면, 아니 자신에게 가해지는 눈에 보이지 않는 핍박이 얼마나 강하면 그럴 수 있을까. 아버지 없이 자신을 홀로 키운 어머니에 대한 연민과 애정, 그리고 자애와 엄격함을 함께 지닌 여성에 대한 흠모, 폐결핵으로 모든 것을 상실할지도 모를 운명에 대한 불안감을 이겨내도록 지켜주고 지지해준 어머니에 대한 감사, 아들을 위해 고향을 떠나 파리로 이주한 어머니의 자식 사랑에 대한 감탄, 낯선 곳에서 겪어야 했던 한 여성의 용기 등등이 그의 몸에 언어가 되어 새겨져 있었을까.

어머니와 아들, 그 말만으로도 울컥하는 관계. 그러나 세상 모든 어머니와 아들이 다 그런 것은 아니다. 마음이 없어서, 사랑이 없어서이기도 하겠지만 그보다는 세상 자체가 이런저런 이유로 우리를 그럴 수 없도록 하는 면이 더 크지 않나. 어머니를 여의자 여막을 짓고 3년상을 치렀던 율곡 선생도 있지만, 우리는 슬픔도 삼키고 일해야 하고 성과를 내야 하고 경쟁에 시달려야 한다. 그런 우리에게 무엇을 애도한다는 것은 사치로 다가오고, 그럴수록 깊어가는 슬픔, 그 슬픔이 우리의 몸을 채운다. 이제라도 목놓아 울어보자. 우리 몸을 흐르는 그 슬픔을 그대로 놓아보자.

내가 주체가 아닌들 어떠리. 꼭 주체가 되어 싸워서 이겨야 할 일이 무어랴. 슬픔은 슬픔이 되게 하고 아픔은 아픔이 되게 한다고 큰일 날 것이 무엇인가. 우리에게는 그런 시간도 필요하지 않은가. 애도조차도 시간에 쫓겨 형식에 이끌려야 하는 사실이 우리를 더 슬프게 한다. 나는 나 자신에게 한번이라도 마음껏 애도할 수 있는 시간을 허용했는지, 떠들썩한 이 거리를 벗어나 혼자 조용히 스스로를 애도할 수 있는 기회를 주었는지. 고독하기조차도 어려운, 그래서 더 슬픈 나를 애도하기 위해 오늘은 바르트와 함께 모든 것을 벗어나 부유하는 주체가 되어보자. 참고 인내하고 더 열심히, 더 많이 일하라고 스스로를 닦달하며 슬픔을 은폐하고 폐기처분하고 극복했다고 착각하고 왜곡해온 모든 것들을 벗어버리고서 말이다.

사랑,
그 알 수 없음에 대한 단상

키에슬로프스키의 자유, 평등, 박애

"사랑하는 것, 그것은 내가 아는 단 하나의 책임이다."

– 알베르 카뮈

사람들 모두 가장 원하면서도 그 때문에 또 가장 힘들어하는 것, 그것은 아마도 사랑이 아닐까 싶다. 동서고금을 막론하고 모든 예술의 주제가 될 만큼 사람들은 사랑을 희구하고 또 사랑으로 애달파한다. 그런 의미에서 인류에게 사랑만큼 보편적이고 오래된 문제는 없다. 지금도 여전히 우리네 삶을 지배하고 이끌어가는 것, 그것은 사랑이 아닐까. 우리는 사랑하기에 살아가고, 사랑이 있어 존재하며 사랑으로 힘을 낸다. 사랑 없이는 어느 누구도 존재할 수 없고, 살아가기 힘들다. 사랑하기에 우린 이 거친 사막 같은 황량한 삶을 인내하기도 하고 어두운 바다 같은 알 수 없는 두려움 속에서도 길을 간다. 인류의 역사란 그렇기에 사랑의 역사라 할 수 있다.

그래서인가. 세상에서 서로 등지고 있는 예수와 석가와 마호메트도 모두 사랑을 이야기한다. 서로 다른 이야기를 하는 것 같지만 그들이 귀착하는 곳은 언제나 사랑이다. 철학자들도 예외는 아니다. 서로 다른 근거와 논리를 전개하지만 이들 역시도 실은 사랑을 지향하고자 한다는 점에서는 크게 다르지 않다. 온 세상의 예술가도 모두 다 사랑을 예찬한다. 그들은 온갖 다양한 형태로 온갖 다양한 사랑을 온갖 다양한 장르에서 끝없이 이야기한다. 그들의 이야기는 수많은 책, 영화, 노래에서만이 아니라 우리 삶의 공간에서 누룩처럼 번지며 또 다른 세계를 펼쳐간다. 이뿐만이 아니다. 너와 나 사이도 입장의 차이, 관계의 차이는 있을지라도 사랑을 배제하고는 이야기하기 어렵다. 무엇을 어떻게 이야기하든 우리의 이야기도 사랑에서 시작하고 사랑으로 끝을 맺는다. 그 까닭은 우리 모두 사랑으로 태어났기 때문일 것이다. 그래서 우리는 사랑함으로 존재하고, 사랑을 이야기하며, 또 사랑으로 인하여 아프다.

늘 사랑 안에 거하고자 하지만 그러지 못해 안타까워하는 우리는 사랑에 감격하기도 하고, 부러워하기도 하고, 또 지지하기도 하고, 때론 영원한 사랑을 그리기도 하고, 또 다시는 사랑하지 않으리라 다짐하기도 한다. 그러나 우리는 사랑하는 사람이 아파서, 죽어서, 배반해서, 헤어져서, 이견이 있어서, 사랑하는 이가 없어서 외로워하기도 하고 슬퍼하기도 하면서도 여전히 사랑을 갈구한다.

어떤 사람은 사랑하는 사람에게 삶의 모든 것을 걸기도 하는가 하면 또 어떤 사람은 전혀 그렇지 않기도 하고, 또 특정한 한 사람을 사랑하기도 하지만 모든 사람을 사랑하는 사람도 있다. 또 사람만이 아니라 다른 생명체나 일들에 자신의 온 힘을 쏟아부어 사랑하는 사람이 있는가 하면, 어떤 이들은 신과 같이 전혀 다른 그 무엇을 사랑하기도 한다. 이렇듯 사람은 저마다 매우 다른 사랑을 하며 있다. 우리는 사랑을 물질이 매개되었는가 아닌가에 따라 정신적인 사랑, 육체적 사랑으로 구분하기도 하기도 하고, 사랑하는 대상에 따라 우정과 애정을 나누기도 하며, 절대적 사랑과 그렇지 않은 사랑을 분별하고, 일방적인 사랑과 상대적 사랑을 논하기도 하며, 또 시기에 따라 첫사랑이라 구별하기도 하고, 정도에 따라 사랑과 사랑 아님을 판단하기도 한다.

사랑은 이처럼 매우 은밀하고 사적이고 미묘한 감정인 것 같으나 매우 보편적이고 일반적이며 다양하고 또 사랑마다의 특징과 색깔이 있다. 그것이 에리히 프롬(Erich Fromm, 1900-1980)이 사랑에도 기술이 필요하다고 한 이유일 것이다. 그는 사랑은 받는 것이 아니라 하는 것이라며, 사랑이라는 구체적 행위, 실천을 위한 사랑의 기술에 대해 이야기한다. "아무것도 모르는 자는 아무것도 사랑하지 못한다"라고 한 파라켈수스의 말처럼 사랑은 저절로 되는 것이 아니라 다른 것이 그러하듯 연구하고 터득하고 노력해야 한다는 것이다. 에리히 프롬에 따르면 사랑의 감정은 개인의 경험 안에서 일어나는 까닭에 무엇보다 먼저 정신을 집중할 필요가 있다. 정신을 집중한다는 것은 다른 사람에게 집착하지 않고도 온전히 혼자 있을 수 있는 힘을 갖추는 것으로, 혼자 있을 수 있는 힘을 가질 때만이 다른 사람과의 관계도 온전할 수 있다는 것이다. 자신을 사랑할 수 있는 사람이 다른 사람도 사랑할 수 있다는 이 말은 자기만을 사랑하는 이기심이 아닌 사랑이 있어야 남도 사회도 보편적 인류애도 할 수 있음을 이야기한다.

폴란드 출신의 크시슈토프 키에슬로프스키(Krzysztof Kieślowski, 1941-1996)는 바로 이러한 사랑의 특성을 아주 잘 그려낸 프랑스 영화감독이다. 프랑스 혁명의 정신을 담은 국기를 모티브로 하여 〈블루〉, 〈화이트〉, 〈레드〉라는 사랑의 세 가지 빛깔에 관한 연작 영화를 만든 그는 〈블루〉에서는 자유를, 〈화이트〉에서는 평등을, 〈레드〉에서는 박애의 문제를 다룬다. 그러나 〈블루〉에서는 정치적 자유가 아닌 개인의 실존적 자유를, 〈화이트〉에서는 사회적 평등이 아닌 성적 불평등을, 〈레드〉에서는 인류애적 박애가 아닌 따스한 마음을 가진 이들의 소소한 삶을 그린다. 더욱이 실패한 유부녀의 사랑을 통해, 술집 여자와의 어긋난 사랑을 통해, 그리고 나이 든 노교수의 잔잔한 배려를 통해 그는 이 미묘한 사랑의 다양성과 다층성을 그려낸다.

먼저 〈블루〉는 남편과 딸을 교통사고로 잃은 주인공 줄리가 치열한 내적 갈등을 겪으며 정신적 자유를 성취해가는 과정을 그린, 3부작의 첫 번째 영화다. 사고와 남편이 자신을 배신했다는 고통으로부터 벗어나기 위해 파리로 이사한 줄리가 그곳에서도 결코 자유롭지 못한 이유가 무엇인가를 묻는다. 그리고 아랫집 창녀와의 대화, 교통사고 현장에 있던 청년과의 재회, 과거의 기억을 모두 잃어버리고 오직 텔레비전만 멍하니 바라보고 있는 어머니와의 만남을 통해 진정한 자유는 과거의 망각이나 부인, 회피가 아니라 오히려 이를 마주하고 인정하며 사람들과의 관계를 재정립하는 용기에서 얻어지는 것이 아닌가라고 반문한다. 우리는 어떠한가. 우리도 종종 과거로부터 자유롭지 못하고, 지나간 시간에 얽매여 여전히 힘들어하고 있지 않은가. 우리는 과거의 상처와 기억에서 얼마만큼 자유로운가.

'평등'의 문제를 다루는 두 번째 〈화이트〉에서는 겨울을 생각나게 하는 서정적인 영상과 고전적이면서도 격정적인 선율을 배경으로 한 카롤과 도미니크의 이혼과 재결합이라는 사랑 이야기가 있다. 이들의 이혼은 성적 불평등이 원인이었고, 재결합엔 카롤의 자신감 회복과 도미니크의 죄책감이 중요한 역할을 한다. 우리 사랑은 어떠한가. 상대를 진정으로 나와 같은 사람으로 마주할 수 없다면 사랑은 언제든 분리될 수밖에 없다. 크시슈토프 키에슬로프스키 감독은 이러한 사랑의 관계를 통해 그가 살아가야 했던 두 나라, 폴란드와 프랑스의 불평등한 관계에 대해 희망을 이야기하려는 것은 아닐까. 프랑스의 희뿌연 하늘과 폴란드의 눈 내린 풍경의 장중한 대비, 다양한 소품과 장치를 통한 희극적 묘사가 이를 뒷받침한다.

세 번째 작품인 〈레드〉는 영화 전반에 흐르는 빨간색의 따뜻함과 여주인공의 따스함을 통해 참다운 박애가 무엇인지를 말한다. 그는 박애를 인위적이지도, 자기만족적이지도 않은, 그저 있는 그대로의 사랑으로 그리면서 모든 존재를 향한 참다운 박애에 대해 이야기한다. 우리는 지나간 사랑에 대한 아픈 기억이나 혹은 선악의 혼란 속에서 박애를 자기 마음의 편의에 따라 평가절하하기도 하지만, 진정한 박애란 역시 다른 사람을 향한 따스한 마음에서 시작하는 것임을 키에슬로프스키 감독은 전한다.

그는 이들 세 영화에 소품과 각종 장치를 교차 배치하여 사랑의 연속성과 영화의 연속성에서 통일성을 꾀하는 고도의 테크닉을 발휘한다. 예를 들면 그는 〈블루〉 편에 나왔던 쓰레기통에서 빈 병 줍는 할머니를 〈레드〉에서도 등장시킨다. 그러나 〈블루〉에서는 그저 할머니를 물끄러미 바라만 본다면, 〈레드〉에서는 할머니에게 다가가 도움을 준다는 변화로 메시지를 달리 전하기도 한다. 또 〈블루〉에서 파란 수영장에 빨간 튜브를 끼고 하얀 수영복을 입은 아이들을 등장시킴으로써 자유와 평등과 박애가 어떻게 서로 관련되는가를 암시적으로 나타내면서, 자유 안에 박애가 부재한다면 평등 또한 보장되기 어렵다는 사실을 비유적으로 보여주기도 한다.

이처럼 감독은 세 가지 색깔이 가지는 사랑의 의미를 전복하기도 하고 연결하기도 하며 사랑의 의미에 대해 논한다. 다시 말해 크시슈토프 키에슬로프스키는 세 가지 색깔을 통해 단순한 사랑 이야기라 여길 수 있는 문제를 자유, 평등, 박애라는 범국가적 이념으로 연결하면서 진정한 사랑과 이념, 그리고 인류가 지향해야 하는 것이 무엇인가를 차분한 목소리로 건넨다.

우리 사랑은 어떠한가. 우리의 사랑은 안녕한가. 혹시 우리는 그 무엇인가가 아니라 단지 사랑, 그 자체를 욕망하거나, 사랑이란 이름으로 집착하거나, 사랑에 대한 과대망상에 빠져 있거나, 사랑에 대한 두려움에 갇혀 있지는 않나. 그래서 책임이 따르지 않는 단순한 사랑 놀이를 하거나 사랑 흉내만을 내고 있지는 않나. 사랑이란 구체적 대상과 나누는 인간 됨의 일로 우리는 그 일을 통해서 다른 사람과의 관계도 사회도 인류도 이루어간다는 두 거장 에리히 프롬과 키에슬로프스키의 이야기를 통해 오늘 나의 사랑을 검진하며 경쟁의 기술, 싸움의 기술이 아닌 사랑의 기술을 익혀감이 어떠한가.

얼굴과
얼굴로

레비나스의 정직한 얼굴

"참다운 만남은 얼굴과 얼굴이 마주할 때 가능하다."

– 에마뉘엘 레비나스

언제부터인가 사람들의 손에는 한결같이 핸드폰이 들려 있다. 지하철과 버스 안에서는 물론 길을 걸어갈 때도 사람들은 스마트폰에서 시선을 떼지 않는다. 잠시라도 시간이 날 경우는 물론이고 친구와 만나서도 이야기는 뒷전이고 서로 스마트폰에 열중한다. 이는 결코 일정한 지역이나 특정한 계층에게 한정된 이야기가 아니다. 남녀노소를 불문하고 언제 어디에서나 드물지 않게 보는 풍경이 되어버린 기계에 대한 희구는 그야말로 우리 사회의 전반적인 현상이다. "나는 터치한다, 고로 존재한다"라고 할 만큼 사람들은 눈을 뜨자마자 스마트폰을 찾고, 텔레비전을 켜고, 컴퓨터로 메일을 확인하며, 밥솥, 청소기, 자동차의 스위치를 누르며 삶을 시작한다. 기계와 더불어 기계를 마주하며 기계가 되어가는 사람들.

텔레비전이 등장하면서 가속화된 이러한 현상은 컴퓨터의 사용과 더불어 사람들의 시선을 사람의 얼굴이 아닌 기계의 화면 안에 가두기 시작했다. 놀이도 공부도 사람들과의 관계도 텔레비전과 컴퓨터, 그리고 스마트폰으로 해결하는 사람들에게 중요한 것은 이것이 무엇이냐가 아니라 이것이 어떻게 보이는가다. 사람들은 잘 살기 위해서가 아니라 잘 사는 것처럼 보이기 위해 전력투구하며 실재가 아닌 가상의 페르소나를 아무 거리낌 없이 입는다. 무엇이 가상이고 무엇이 실재인지 구별조차 하기 힘든 이미지 사회에서 우리는 저마다 가상의 페르소나를 입고 가면무도회에 열중하고 있다.

이런 가상의 페르소나를 벗어버리고 우리에게 얼굴과 얼굴을 마주할 것을 청하는 이가 바로 프랑스 유대계 철학자 에마뉘엘 레비나스이다. 그는 사람과 사람의 참다운 만남은 얼굴과 얼굴을 마주할 때에 가능하다며 기계의 모니터가 아닌 사람의 얼굴, 그것도 모든 것을 벗어버린 맨 얼굴, 헐벗은 얼굴, 정직한 얼굴로 만날 것을 이야기한다. 이때 얼굴이란 단순히 어깨 위의 신체나 피부 혹은 생김새를 가리키는 것이 아니라 한 사람을 대신하는 온전한 한 인격체를 뜻한다. 레비나스는 사람만이 얼굴을 갖고 있고, 사람은 자신의 얼굴에 책임을 져야 한다고 이야기한다.

얼굴이 있다는 것은 얼이 있는 사람, 즉 단순히 생물학적 어른이 아닌 자기의 생각을 가진 온전한 인격적 주체라는 말일 것이다. 정신이란 뜻의 순우리말인 얼이 있는 굴, 즉 자신의 얼굴을 한 어른은 정자와 난자가 만난 수정란이 갓 태어난 상태인 아이로 머물지 않고 시간과 더불어 이런저런 체험과 경험 속에서 자신만의 생각과 정신을 가지고 있다는 의미가 아닐까. 어찌되었든 얼굴이란 한 사람이 살아온 흔적과 생각을 드러내는 창구이자 장소로, 우리는 얼굴을 통해서 사람의 생각을 읽기도 하고 또 나의 간절한 바람을 담기도 한다. 그런 의미에서 얼굴은 그 사람의 역사이자 언어라 할 수 있다. 우리가 얼굴로 말하며 또 얼굴을 마주하면서 상대가 하는 소리에 귀를 기울이는 까닭이다.

얼굴을 마주한다는 것은, 다시 말해 '얼굴과 얼굴의 마주함'이란 다른 사람이 하는 말에 마음을 열고 경청하는 일이다. 이때 상대방의 얼굴은 나에게 요청하는 말이고 나는 상대의 말에 무심하지 않고 응대하며 있는 것이다. 레비나스는 다른 사람의 얼굴을 외면하지 말아야 하는 책임이 우리에게 무한 책임으로 있다 한다. 다른 사람의 얼굴은 곧 나의 또 다른 모습이기 때문에 다른 사람의 얼굴을 외면한다는 것은 결국 자기 자신을 외면하는 것과 같다. 다시 말해서 다른 얼굴을 한 자기 자신이기도 한 그 존재를 존재로 여기지 않는 것이다. 그래서 그 사람이 하는 이야기를 듣지 않겠다는 것, 그에 대해 무관심할 뿐만 아니라 아무런 관계도 책임도 느끼지도 못한다는 것을 의미한다.

나는 지금 누구와 얼굴을 마주하며 있나. 우리는 마주해야 할 것을 마주하지 않고, 하지 않아야 하는 것들을 마주하면서 힘들어하고 있지는 않나. 어쩌면 오늘 우리가 당면한 문제란 이로 인해 파생된 것들은 아닌지 곰곰이 생각해보아야 할 것 같다. 어쩌면 나의 몸도,

우리 아이들도, 학생도, 남편도, 친구도, 직원도, 그리고 아픈 이들도, 국민도 자연도 우리가 바라보아 주길, 마주해주길, 귀담아들어주기를 바라고 원하고 있는 것은 아닐까. 모니터가 아닌 나의 얼굴을 보면서 부드러운 목소리로 이야기해주기를 환자는 의사에게 바라고, 비록 잘못은 했지만 왜 내가 그리했는가를 들어주기를 죄수도 판사에게 바라며, 능력이 없다고 이야기하기 전에, 공부를 못한다고 이야기하기 전에, 피부빛이 다르다고 선입견을 가지기 전에, 나의 얼굴을 봐주고 나의 이야기에 귀 기울여주고 따뜻한 표정 하나 눈빛 하나, 고갯짓 하나를 건네주기를, 그리고 부드럽게 어루만져 주기를 우리 모두는 원하지 않나. 우린 지금 누구와 마주해야 하나. 오늘 내가 마주하고 있는 그 얼굴이 정녕 나의 생각·삶·길을 달리 열어갈 수 있을까.

우리는 상대가 내 얼굴을 보지 않으면 무시를 당한다고 느끼고, 자주 얼굴을 볼 수 없어 외로워하기도 하며, 사랑하는 사람과는 하루 종일 얼굴을 마주하고 싶어 하는 반면 싫은 사람에게는 눈길조차 주지 않으려 한다. 또 얼굴을 마주하지 않고 이야기하는 사람은 신뢰하기가 어렵고, 말은 어눌해도 얼굴을 보면 그 사람의 진심을 느끼기도 한다.

끊임없이 문제를 야기하는 사람도, 단체도, 종교도, 자연도 실은 모두 자신의 이야기를 들어달라는 처절한 몸짓은 아닐까. 이슬람 무장 단체나 북한도 그럴까. 그들은 지금 우리에게 무엇을 이야기하고 싶은 것일까. 레비나스가 제2차 세계대전과 같은 전쟁, 즉 인간이 인간에게 가하는 무지막지한 폭력이 다름 아닌 사람과 사람과의 관계 부재, 사람을 사람으로 바라보지 않는 시선의 왜곡, 얼굴과 얼굴이 마주하지 못한 탓이라 하는 이유는 뭔가.

모든 것은
관계에서 온다
레비나스, 타자의 문제

> "타자는 내게 명령하는 자이고
> 나는 그에 응대하는 자이다."
> – 에마뉘엘 레비나스

누군가에게는 이런 기억이 있지 않나. 신이 처음으로 창조한 인간인 아담과 하와의 아들 카인이 동생 아벨을 죽여 쫓겨날 때 다른 사람들에게 해코지당할까 두려워했다는 이야기를 듣고 '이들은 누구지' 하는 의문이 들던 기억 말이다. 그런데 우리는 이러한 질문을 던지지 못하도록 암묵적으로 강요받아왔다. 그냥 믿어야 한다고. 다른 것은 생각지 말고 오직 하나만 주목할 것을 말이다. 그리고 그 하나는 이후에 만물의 원인이며, 근본 실재이며, 불변하는 진리이고, 완전한 신이며, 모든 것을 판단하는 이성으로, 그리고 모든 것을 있게 하는 존재로 말해지며 우리의 사유를 지배해갔다.

이러한 사유의 전통에서 우리도 하나, 나만을 생각했지 너는 아니었다. 내가 아닌 것들은 총체적으로, 추상적으로, 관념적으로, 일반

적으로, 자연이고 신이었지 너는 아니었다. 설사 너라 하더라도 그
것은 단지 나의 연장에서, 그리고 나의 이월로서 또 다른 나였지 구
체적으로 나와 같은, 그러나 나와 다른 너는 아니었다. 아무리 아리
스토텔레스가 우리를 사회적 존재로 정의하고, 하이데거가 세계 내
존재로 이야기한다 해도, 그 역시 소크라테스의 '너' 자신, 즉 '나'를
알아야 한다는 마법에서 벗어난 것은 아니다.

그런데 내가 아닌 너의 문제를 본격적으로 문제시하는 사람, 그
사람이 바로 레비나스이다. 그는 내가 아닌 너, 타자의 문제를 직시
한다. 타자란 누구인지, 그리고 서구 전통 사유가 타자를 어떻게 여
겨왔는지를 면밀히 살피며 그동안 무시되고 소외되고 억압받고 배
제되었던 타자에 대한 이해를 새롭게 한다. 그에 의하면 타자는 무
능하고 부족하고, 불편하게 하거나 성가시게 하는 자, 나를 해하거
나 방해하는 자가 아니라, 오히려 나를 새롭게 하는 자, 나를 살리는
자로, 우리는 타자를 통해 제한된 시간과 공간을 넘어 이전과 다른
새로움 앞에 선다고 한다. 그런 의미에서 타자는 나를 위한 존재가
아니라 오히려 내가 타자를 위한 존재로, 타자는 나보다 우월한 자
다. 이처럼 레비나스는 타자와의 관계를 비대칭적으로 놓으며, 타자
는 알 수도 소유할 수도 다가갈 수도 없는 존재로 우리는 그를 환대
하고 배려할 수 있어야 한다고 이야기한다.

레비나스의 이 같은 타자에 대한 새로운 이해는 그의 독특한 경
험, 즉 늘 이곳저곳을 떠돌아야 했던 디아스포라 유대인으로서의 고
달픈 삶과, 제2차 세계대전에서 목도한 유대인 대학살의 처참한 경

험에서 비롯된다. 레비나스는 2차 대전과 같은 참혹한 대학살이 일어날 수밖에 없었던 원인을 다름 아닌 타자에 대한 잘못된 인식과 무관심으로 일관한 서구 전통 사상에서 찾았다. 그에 따르면 서구의 전통 사상은 주-객을 분리하고 객체에 대해 주체를 우월시하면서 객체를 대상화시켜왔다. 그 결과 객체는 주체에 의해 부려지는 단순한 수단과 방법으로 전락하며 급기야 모든 것이 사물화되었다. 그렇기에 주체는 대상인 타자에게 아무런 갈등 없이 그렇게 무지막지한 폭력을 가할 수 있었다고 레비나스는 말한다.

레비나스는 서구 전통 사유에는 이처럼 어느 한쪽이 다른 한쪽을 제압하는 폭력이 내재되어 있다고 비판하면서, 주-객 분리의 근거로 작동되는 '존재' 중심의 철학이 아닌, 모든 것들이 있는 그대로의 차이를 논하는 '존재자' 중심의 철학을 새롭게 제안한다. 존재 중심의 전통 철학은 모든 것을 존재라는 하나 안에서 파악하며, 사람도 모든 것을 나 중심에서 연장해가며 나의 편의를 위해 정복하고 다스리고 제거해야 할 대상으로만 여긴다. 그러므로 그는 타자를 자기와 같은 그러나 자기와 다른 사람으로 대하지 않는 존재 중심의 철학을 폐기하고, 그 어느 쪽으로도 치우치지 않는, 있는 그 자체를 직시하는 현상학에 근거하여 새로운 존재자 철학을 해나갈 것을 청한다.

레비나스는 존재란 아직 무엇이 아닌 단지 '그저 있음'의 상태일 뿐, 실제로 있는 것은 아니라 한다. 있는 것은 일정한 시간과 공간 안에 물질을 입고 그 무엇으로 존재하여야 하는바, 있는 것은 존재가 아닌 이런저런 모습을 하고 있는 개별적 존재자들이다. 서로 다른 시간·공간 안에 물질을 입고 들어서 있는 존재자는 서로 다른 모습을 하고 있는 개별적 존재자들로, 같음이 아닌 다름을 본질로 한다. 그럼에도 진리는 객관적이고 보편적이어야 한다는 명목하에 이들의 차이를 지워버리고 모든 것을 동일화시켜버리는 존재 중심의 사유는 이론적이고 추상적인 것을 앞세워 현실의 구체적 사실을 지워가는 까닭에 내재적으로 폭력을 수반한다. 그러므로 존재가 아닌 존재자 중심의 철학을 통해 스스로 생각하고 판단하고 선택하여 한 행동에 대해 책임을 질 수 있는 사람, 사회가 되어야 한다며 레비나스는 윤리에 근거한 철학을 전개한다.

우리는 막연히 있는 존재가 아니라 구체적으로 무언가를 하며 있고, 그 행위에 따르는 선택의 자유와 책임을 가져야 한다는 것이다. 레비나스는 이를 존재자의 존재성으로 규정하며 윤리야말로 제1의 철학이라 한다. 이 세상에 존재하는 모든 개별적 존재자는 그 누구도 그 무엇으로부터도 자유와 권리를 훼손당하지 않을 권리와 동시에 다른 존재자들에 대해서도 무한책임이 있다는 것이다. 이를 아는 사람은 자기와 다른 존재자를 무시하거나 배척하지 않고 오히려 그와 더불어 새로움 앞으로 나아간다며 레비나스는 타자를 무화시키는 폭력이 아닌 타자에 대한 환대와 배려를 이야기한다.

그렇다면 우리가 환대하고 배려해야 할 우리들의 타자는 누구인가. 나와 혈통과 지역, 학교, 군대, 직장, 정당, 생각, 국가, 인종, 문화, 종교, 정치가 달라도 우리는 그들을 환대하고 배려할 수 있을까. 우리 사회에 들어와 있는 결혼 이주 여성들과 외국인 노동자들, 그리고 장애와 병으로 힘들어하는 이들과 노인들의 삶이 녹록지 않은 이유는 뭘까. 막연한 이들은 사랑해도 가까이 있는 사람을 사랑하기는 왜 이리 어려운 것인가. 그럼에도 그들을 향한 우리의 마음이 사그라져서는 안 되는 이유를 레비나스의 이야기에서 찾을 수 있다.

친구의 말이
아프게 느껴질 때

비트겐슈타인의 언어놀이

> "지붕에 올라간 다음 사다리는 버려야 한다."
> — 루트비히 폰 비트겐슈타인

아침, 베란다에 빨래를 널다가 만난 풍경은 참으로 낯설다. 항상 같은 위치에서 같은 자세로 널다가 오늘 한 발 살짝 오른쪽으로 옮겼더니, 너무도 색다른 풍경이 펼쳐진다. 아주 조금 각도를 달리했을 뿐인데, 지금 이 유리창에는 이전과 전혀 다른 낯선 그림이 들어와 있다. 널던 빨래를 놓고 잠시 새로운 풍경에 넋을 놓는다. 아 이곳에 이런 모습이 있었다니……. 뜨거운 물을 마음껏 쓰지 못하던 어린 시절, 연탄불에 양은솥을 올려놓고 물을 덥혀 머리를 감고 목욕을 하던 그때 보았던 뒤집힌 세상 이후 기억에서 사라져버린 거꾸로 매달린 하늘이 생각났다. 그래 세잔의 사과도, 모네의 수련도, 마네의 여인도 그런 것이었지. 언제 어디에서 보는가에 따라 이렇게 달리 보인다는 사실을. 아침 해와 저녁 해가 다르듯 그때그때 모든 것은 다 다르게 보일 수 있음을 오늘 새삼 다시 깨닫는다.

우리 생각을 담는 언어도 그럴까. 우리 눈에 보이는 사물이 시간과 위치에 따라 다르게 보인다면 그것을 생각하는 우리의 사고도, 그것을 이야기하는 우리의 언어도 달라지지 않을까. 언어도 사실과 정확히 대응하는 '논리적 원자론'이 아니라, 어떤 상황에서 어떻게 바라보는가에 따라 달라질 수 있다는 새로운 관점에서 이해한 사람이 루트비히 요제프 요한 비트겐슈타인(Ludwig Josef Johann Wittgenstein, 1889-1951)이다.

1889년 오스트리아 빈에서 부와 지식과 예술을 사랑하는 매우 부유한 가정에서 8남매의 막내로 태어났다. 20세기 가장 위대한 철학자 중 한 사람인 비트겐슈타인은 유대인으로서 기독교로 개종한 아버지와 예술적 소양을 지닌 천주교 신자 어머니 밑에서 많은 문화계 인사들과 교류하며 자란 탓인지 일찍부터 언어철학자로서 뛰어난 천재성을 발휘했다. 그러나 1914년 발발한 세계대전에서 전쟁의 참상을 목격하고 가족들에게 초래된 비극을 겪으면서 그는 이전과는 전혀 다른 윤리적이며 종교적인 성향을 갖게 된다. 그의 철학이 전기와 후기로 나누어지는 까닭이다.

전기의 비트겐슈타인은 언어는 세계를, 명제는 사실을, 이름은 대상을 지칭한다고 하며 실제 대응 관계로 여겼다. 그는 이러한 '그림이론'에 근거하여 기존의 철학, 특히 형이상학이나 도덕학에서 말하는 신이나 자아, 도덕 등은 대응하는 실재가 없기에 '의미Sinn'가 없으며, 말할 수 없는 것에 관해서는 침묵해야 한다고 한다. 이는 증명할 수 없다거나 무의미해서가 아니라 굳이 증명할 필요가 없기 때문이라며 그는 언어 분석을 통한 정확한 언어를 사용할 것을 주장한다.

그러나 이런 그림 이론에 근거하던 전기와 달리 후기의 비트겐슈타인은 일상 언어에서 의미는 결코 한 가지로 고착되지 않음을 깨닫고 사유의 전환을 시도한다. 비트겐슈타인의 사상은 크게 『논리철학논고 *Tractatus Logico-Philosophicus*』로 대표되는 전기와 『철학 탐구 *Philosophische Untersuchungen*』로 대표되는 후기로 나눌 수 있다. 『논리철학 논고』에 나타난 전기 사상이 명제에 사용된 낱말의 은유적인 관계를 분석함으로써 기존의 철학에서 잘못된 개념으로 인해 빚어진 비논리적인 점을 지목하려 했다면, 후기는 언어놀이에서 상호 변환되는 자연언어가 논리적 구조로 정형화된 언어와는 다른 의미를 지닌다는 점을 역설한다. 다시 말해 비트겐슈타인은 후기에서는 전기와 달리 일상적으로 사용되는 언어를 중요시한다. 언어가 있기 전에 우리의 일상생활이 있고 삶의 양식이 있다고 보며, 언어는 뜻이 아닌 사용에 의해서 이루어진다는 것이다.

그의 이러한 언어에 대한 이해는 오리-토끼 그림에서 잘 나타난다. 어떻게 보는가에 따라 오리가 되기도 하고 토끼가 되기도 하는 이 그림에서 비트겐슈타인은 같은 언어를 사용한다는 것은 삶의 형식을 일정한 방식으로 공유하는 것이라 이야기한다. 언어에는 하나의 공통된 본질이 아닌 사용함으로써 나타나는 여러 유사성이 있는데, 이것을 '가족 유사성'이라고 부른다. 즉 같은 유사성을 가진 이들 사이에 언어는 이렇게도 저렇게도 말해진다는 것이다. 예를 들면

'거시기'처럼 얼마나 생활을 공유해왔는가에 따라 다른 의미로 말해지고 이해되기도 한다는 것이다. 비트겐슈타인은 이를 보다 잘 설명하기 위해 언어를 놀이에 비유한다. 놀이는 어떤 본질이 있는 것이 아니라 어떻게 놀이 규칙을 정하는가에 달려 있다며, 그는 이를 '언어놀이'라 부른다. 이제 언어는 어떤 유사성을 가지고 말해지는가에 따라 달라지는 것이다.

철학을 어떠한 사물이나 현상에 대해 연구하는 학문이 아니라, 그러한 것들을 연구하는 학문에서 사용되는 언어를 연구하는 학문이라고 생각했던 비트겐슈타인은 초창기 자신이 주장한 그림 이론을 뒤집고, 일상 언어가 쓰이는 방식과 언어가 수반되는 행위, 그리고 언어가 쓰이는 문맥을 검토하면서 언어 이해를 새롭게 주창한다. 그에게 언어란 그 자체에 의미가 있는 것이 아니라 유사한 경험을 하는 사람들의 공동체 안에서 일종의 놀이처럼 규율과 규칙에 따라 달리 이해되고 말해지는 것이다. 이러한 주장은 언어 이해를 전혀 다른 차원으로 이끄는 것으로, 정확한 언어 사용을 강조했던 초기와 달리 일상 언어를 통해 삶의 구체적 자리에서 언어를 이해하고자 하는 태도다.

사람에게는 누구나 이와 같이 생각의 전환을 하게 되는 계기들이 있다. 그래서 경험이 중요하다고 하나 보다. 젊은이는 배우고 어른은 이해한다고 한다. 우리는 저마다 자기가 선 자리, 자기가 경험한 바에 따라 서로 다른 생각, 말, 이해를 한다. 어쩌면 비트겐슈타인이 말하고 싶었던 것이 바로 이것 아니었을까. 언어도 어떤 상황에서 말하고 읽히는가가 중요하다는. 우리도 누군가가 어떤 말을 하게 된 상황에 대한 고려 없이 단지 표현된 말만 가지고 그를 판단하고 정죄한 적은 없나. 말의 진위보다는 말꼬리에 걸려 넘어져 아파하고 미워하며 남도 괴롭히고 자신도 괴로워했던 적 말이다. 좋은 약은 쓰듯이 나를 위해 용기 내어 한 친구의 말이 마음을 후벼 파며 나를 아프게 한 것은 내가 맥락을 읽어낼 여유가 없었기 때문은 아니었을까.

절대적 진리란
존재하지 않는다
데리다의 차이와 차별 사이

"진리란 현존의 형이상학으로 시간과 공간 속에서
해체와 생성이라는 차연의 운동 속에 있다."
- 자크 데리다

갑과 을의 이야기가 끝이 없다. 뉴스는 온통 갑과 을로 인한 문제로 시끄럽다. 세상은 온통 갑 아니면 을인가. 그러나 조금만 생각해보면 나는 갑인 동시에 을이기도 하고, 또 갑도 을도 아니기도 하다. 나는 그냥 사람일 뿐이다. 우린 생김새가 다르고 생각하는 게 다르며 입장과 처지가 다른 사람들 중 그저 하나일 뿐이다. 그런데 세상은 그렇지가 않은 듯하다. 학벌에 따라, 지역에 따라, 평수에 따라, 브랜드에 따라 사람들은 이편과 저편을 가르기도 하고, 무시와 과시를 서슴없이 하기도 한다. 직원에게 폭력을 행사하는 상사와 고객도 있고, 학점을 빌미로 성추행을 하는 교수도 있으며, 동양인 노인에게는 커피를 팔지 않겠다는 백인 가게도 있듯이 세상엔 온갖 차별이 넘쳐난다.

신분 사회를 타파하고 평등한 사회를 선언한 근대가 지난 지도 수 세기가 되었지만 아직도 세상은 온갖 차별과 불평등으로 가득하다. 혹시 그들이 말하는 평등이란 서구, 백인, 젊은이, 남성, 자본가, 그 들만의 신 안에서의 평등인가. 그들은 그들만의 소사이어티를 만들 고 그들 간에 평등을 외치며 오히려 다른 사람들을 차별해온 것은 아닌가. 카스트 제도는 비판하면서 백색 신화는 고수하고, 평등을 말하면서 자기들의 신에게만 기도하기를 강제하는 이들의 이율배 반적 요구 앞에서 프랑스의 현대 철학자 자크 데리다(Jacques Derrida, 1930-2004)는 아주 용기 있게 외친다. 세상에 차별을 가져오는 이 모 든 것들을 해체해가야 한다고.

알제리의 유대 부모에게서 태어난 데리다는 그것이 무엇이든 다 른 것을 억압하고 지배하고 소외시키고 차별하는 모든 것들에 반대 하며, 이를 가능하게 하는 근본 토대로 기존의 형이상학을 주목한 다. 그가 볼 때 기존의 형이상학은 어느 특정한 하나를 절대시함으 로써 다른 모든 것들을 상대적으로 결핍되고 부족하고 모자란 것으 로 여기는 차별을 초래했다며, 이를 해체하고 모두가 그 나름의 차 이를 가진 존재로 존중해야 한다고 주장한다.

그가 볼 때 이 세상의 어떤 주장과 체계도 완벽할 수 없다. 그렇기 에 시간과 공간을 넘어선 절대적 진리란 존재하지 않는다. 데리다에 게는 우리가 진리라 부르는 것 자체가 부분적이며 모순적이다. 그가 볼 때 진리는 단지 지금의 진리, '지금의 형이상학'일 뿐이다. 지금 의 형이상학은 늘 시간과 공간을 달리하면서 다른 진리로 대치되어야 하는바, 데리다는 이를 '위험한 보충'이라 부른다. 기존의 진리를 해체하며 늘 달리 보충되어 가는 위험한 보충인 진리는 시간과 더불어 차차 연기되는 까닭에 '차연différence'이라고도 한다. 다름을 이야기하는 '차이different'에 시간의 미끄러짐이라는 연기의 의미를 더한 차연이야말로 진리이며, 진리는 차차로 연기되고 다르게 말해진다는 것이다. 데리다는 기존의 진리를 해체하며 보충해가는 이러한 차연을 진리의 '흔적trace'으로 보며, 진리란 무엇이 아니라 차연되고 있는 그 자체라 한다.

　지금의 형이상학을 해체하고 차연의 진리를 이야기하는 데리다의 해체는 단순한 파괴나 무화無化가 아니라 새로운 진리를 생성하는 전제 조건이다. 어떤 것이 절대적 진리로 말해지고 대표되고 중심이 되는 순간, 다른 것들은 종속되고 소외되기 마련이므로 끊임없이 기존의 진리를 해체해간다. 그때만이 새로운 진리가 보충된다. 다시 말해 지금의 형이상학은 현 시점에서는 진리일 수 있지만 그것을 절대적 진리로 여기는 순간 그것은 우리를 살리는 진리가 아닌 오히려 우리를 가두는 이데올로기가 된다. 데리다는 이를 '독 당근'이라고 이야기한다. 즉 진리는 우리에게 중요한 것이지만 그것이 절대의 옷을 입는 순간 독이 된다는 것이다. 그렇기에 기존의 진리를 계속 해체해갈 때에만 우리는 참다운 진리 안에 거할 수 있다. 이처럼 데리다는 기존의 진리를 해체함으로써 참다운 진리 안에 거하는, 그래서 어느 것 하나가 아닌 모든 것이 그 자체로 존중받는 참다운 삶의 태도로 전환하고자 한다.

데리다는 세계가 여전히 하나의 색깔, 하나의 이야기, 하나의 진리만을 이야기하며 다른 것들을 지워버렸다고 비판한다. 이를 하얀 종이에 하얀 글씨로만 써 내려간 백색 신화라 부르는데, 그동안 역사는 서구, 유럽, 백인, 남성, 젊은 기득권 중심의 역사였으며 이와 다른 다양한 색깔을 가진 사람들의 삶, 역사, 성, 인종, 그리고 그들의 이야기를 지우고 배제하고 소외시켜왔다는 것이다. 때문에 이를 해체하고 각각 자신의 역사, 생각, 감정, 목소리, 글로 이야기할 수 있어야 한다고 하며, 동일성이 아닌 차이성에 근거하여 이야기할 것을 주창한다.

데리다는 기존의 음성 중심, 로고스 중심에서 활자화된 글 중심의 텍스트 해석으로 전환을 시도한다. 음성 중심은 말하는 사람의 권위에 의존하여 불변적인 힘으로 작용하기 쉬운 데 반하여 글자 중심의 텍스트 해석은 서로 다른 독자들이 글자와 글자 사이, 문맥과 문맥 사이에서 가려지고 잊힌 것들을 자유롭게 읽어낼 수 있다. 그렇기에 음성이나 문자가 보다 풍요롭고 다양한 해석의 가능성을 연다. 이러한 태도는 언어란 한편으로는 드러내기도 하지만 다른 한편으로는 은폐하기도 하는 속성을 지닌 것이기에 언어를 사용하고 이해하는 인간 역시도 그러한 한계를 가진다는 이해에 기원한다.

이런 이유로 데리다는 어떤 체계나 이론을 제시하기보다는 기존의 사상이나 주장, 이론을 그 자신에게 그대로 적용함으로써 그것이 지닌 모순을 스스로 드러내 보이는 해체주의 전략을 사용한다. 그는 그동안 서양 사유가 늘 무엇 하나를 중심에 놓고 어떻게 나머지 부분들을 소외시키며, 사람들이 보아야 할 것, 누려야 할 것들을 유실시켜왔는지를 보여준다. 그런 다음 전쟁이 아닌 평화, 경쟁이 아닌 상생하는 사회를 위해 서로 중심이 되고자 하는 피나는 헤게모니 싸움, 중심을 해체하고, 서로 다른 것들이 함께할 수 있는 다문화 사회로 이행을 시도한다.

데리다의 이러한 주장은 그동안 소외되고 배제되어왔던 다양한 사람들이 자기 삶의 무대에서 자기가 주인으로 살아갈 힘을 준다. 실제로 남아프리카공화국의 만델라 대통령을 비롯한 제3세계의 독립과 주권, 그리고 성 소수자와 성적 차별을 받는 사람들의 권리 신장을 위해 적극적으로 활동하기도 한 데리다는 우리에게 다양한 시선으로 다양한 목소리를 경청할 것을 청한다. 그래서 다양한 가치를 인정하는, 서로 차별하는 것이 아닌 차이를 인정하는 조화로운 사회를 만들어갈 것을 청한다. 갑도 을도 아닌 단지 차이를 가진 다른 사람으로 말이다. 그러기 위해서는 나부터 나의 생각, 나의 기득권을 해체할 용기와 결단과 이해가 필요하다.

우리는 편리함을 내세워 질서라는 말로 체계를 세우며 특정한 하나를 절대화하고, 이에 스스로 붙들려 있는 것은 아닌지 생각해볼 일이다. 방관이나 무책임이 아닌 존중과 배려가 서로의 사이를 이어주는 다양한 가치가 인정되는 사회, 그런 사람, 삶이라면 파국으로 치닫는 무한 경쟁이나 성과주의도 어느 정도 누그러질 것이다. 그러려면 데리다처럼 우리도 절대화되고 있는 것들의 허술한 논리를 과감하게 드러내 보일 힘과 실력, 용기와 논리가 있어야 하지 않을까.

그것이 우리가 철학을 해야 하는 이유다. 플라톤의 말처럼 다른 사람, 다른 힘에 일방적으로 지배당하지 않기 위해서 말이다.

우리의 자유의지인가
예정된 운명인가

라이프니츠의 예정 조화

> "우주는 역동적인 힘을 가진 단일한 실체인
> 창 없는 단자들의 예정 조화로 이루어졌다."
> – **고트프리트 빌헬름 폰 라이프니츠**

사람은 누군가와 함께하는 것을 불편해하면서도 또 같이하지 못해 외로워하기도 한다. 정말 힘들고 어려운 일이 있을 때, 마음이 답답하고 궁금할 때, 누군가와 마음껏 이야기라도 나눌 수 있었으면 하다가도 아무에게도 자신의 허물을 드러내고 싶어 하지 않는다. 그 누구에게도 침해받지 않는 자유를 원하는가 하면 누군가가 알아서 모든 일을 해주기를 간절히 원할 때도 있다.

이러한 이율배반적인 생각과 모순된 행위는 일상의 사소한 일에만 한정된 것은 아니다. 우리는 모든 것을 다 알고 할 수 있을 것처럼 생각하면서도 또 알 수 없는 미래에 대해 두려움을 갖기도 한다. 그래서 최첨단 과학기술 시대를 살면서도 중요한 일은 여전히 점성술을 비롯해 타로, 역술 등에 의존하는가 하면, 지성을 자랑하는 대학가에 가장 비교육적인 일들이 넘쳐나고, 올바른 치세를 해야 하는 정치인들은 항상 정치적 싸움을 일삼는다. 일정한 시간 안에 살아가기 때문인지 아니면 우리 본성이 그렇기 때문인지는 몰라도 우리는 이처럼 상호 배치되는 일들 사이에서 이리저리 떠다닌다.

세계를 바라보는 태도도 다르지 않다. 우리는 모든 것이 정해진 이치에 따라 운행된다고 하기도 하고, 또 어떤 때는 자유로운 운동에 의해 이전과는 전혀 다른 것들이 새롭게 출현하는 것이라 하기도 한다. 때문에 운명을 탓하기도 하고 때론 의지를 불태우기도 하면서 서로 다른 주장을 펴며 대립하기도, 조화를 구하기도 한다. 지금 우리만이 아니라 어느 시대에서나 사람들은 자기들이 처한 현실 안에서 서로 상치되고 모순되는 일들에 당혹해하면서 이를 해소하기 위한 나름의 노력을 기울여왔다. 누구보다도 이들 문제를 심도 있게 논리적으로 설명한 사람이 있다면 독일의 근대 철학자 고트프리트 빌헬름 폰 라이프니츠(Gottfried Wilhelm von Leibniz, 1646-1716)일 것이다. 그는 당시 독일이 처한 현실, 다시 말해 다른 유럽 국가들에 비해 근대국가로의 이행이 늦었던 독일이 직면한 현실 앞에서, 근대 시민 국가가 지향하는 개인의 독립된 주체와 강력한 중앙집권 국가라는 서로 상치되는 목적을 어떻게 하나 안에서 이뤄낼지 고심한다. 그리고 이를 세계를 이루고 있는 개체들의 독립과 이들 간의 운행이 상치되지 않는다는 '창 없는 단자'와 '예정 조화'로 극복하려 한다.

라이프니츠는 세계를 구성하고 있는 것은 역동적인 힘을 가진 단일한 실체인 '단자'라 한다. 단자는 외부의 다른 요소들과 영향을 주고받지 않는 자립적 실체로, 그것을 운행하는 힘은 외부가 아닌 단자 안에 있다. 그런 의미에서 라이프니츠는 단자를 '창 없는 단자'라 한다. 이들 창 없는 단자들이 서로 충돌하지 않고 하나로 조화롭게 운행하는 까닭은 단자 안에 이미 그렇게 운행되도록 신이 예정·조화해놓았기 때문이라 한다. 라이프니츠는 신이야말로 자신 안에 존재의 '충족 이유'를 가진 '존재'라 한다.

그렇다면 세상의 악과 자유는 어떻게 설명할까. 라이프니츠에 따르면 신은 최선으로 이 세계를 창조했지만 창조된 사물 세계는 사물의 본성상 결핍에 따른 악이 존재할 수밖에 없다고 한다. 그에게 자유란 단자들이 그 안에 있는 목적을 실현해가는 일로, 우리는 자신의 목적을 확실하게 아는 참된 관념에 이르게 될 때 자유롭다 한다. 라이프니츠는 이처럼 자유를 의지나 선택의 문제가 아닌 사물의 본질을 알아가는 일로 이야기한다.

참다운 본질에 이르는 방법은 두 가지가 있는데 하나는 논리에 의한 것이고, 다른 하나는 경험을 통해 알게 되는 것이다. 논리에 의한 이성적 진리는 필연적 진리로서 자명하고 분석적인데 그것은 명제 속에 참된 요소의 언명이 이미 내포되어 있기 때문이다. 그렇기에 이성적 진리에 대한 앎은 모순율에 의해 검증 가능하나, 경험을 통해 알게 되는 사실적 진리는 우연적이고 서로 다른 모순이 공존한다고 한다. 무지한 사람들은 세계를 알기 위해 경험과 검증을 필요로 하지만, 신의 자유의지에 따라 세계를 신이라는 유일한 실체와 술어로 파악하는 사람은 이와 다른 차원에서 세계를 대한다.

라이프니츠에 의하면 사람은 누구나 자명한 진리를 인식할 수 있는 생득 관념이 있기에 우리는 이로부터 세계에 대한 지식을 연역해 갈 수 있다. 그렇다면 세계는 경험과 검증을 필요로 하는가 아니면 분석 가능한가. 경험하고 검증하여 사후에 알게 되는 세계와 분석을 통해 예측이 가능한 차원은 어떻게 같고 다른가. 사전과 사후, 사실과 예측의 차이, 그것은 어떻게 같고 다를까. 라이프니츠의 '예정 조화'와 '창 없는 단자'는 서로 모순되는 것인가, 아니면 그야말로 조화를 이루는 것인가.

자신 안에 사유하고 예측하고 분석하는 힘을 이미 가지고 있다는 점을 강조하는 라이프니츠의 단자론은 오늘도 끊임없이 외부로부터 도움을 구하려고만 하는 이들이나, 다른 이들과의 소통을 배제하고 오직 자신만의 세계에 빠져 사는 이들 모두에게 시사하는 점이 적지 않다. 왜 우리가 자립적이야 하는지, 그럼에도 왜 우리는 다른 사람들과 같이해야 하는지를 생각하게 한다.

IV.

사람은
무엇으로
행복한가

인생과 행복에 대하여

모든
순간의
철학

사람은
무엇으로 행복한가

에피쿠로스의 진정한 행복

"사람은 누구나 고통은 피하고자 하고
즐거움을 원한다."
－에피쿠로스

행복을 바라지 않는 사람은 아무도 없을 것이다. 그러나 정작 행복하다고 이야기하는 사람은 드물다. 사회도 정부도 제도도 법도 모두 우리가 행복하기 위한 장치라 한다면 그 긴 시간 그 많은 시도를 해온 것을 생각해볼 때 우리는 이미 충분히 행복해야 하지만, 그렇지 않은 까닭은 뭘까.

아동 센터에서 만난 옥이는 장래 희망이 행복이라고 했다. 무엇이 행복한 것이냐 물으니 고개를 가로젓는다. 반면 잠시도 가만히 있지 않는 아이들은 저마다 자기가 바라는 일들을 행복이라며 목청껏 외친다. 먹고 싶은 것을 마음대로 사 먹을 수 있는 것, 가고 싶은 곳에 갈 수 있는 것, 돈 많이 버는 것, 놀고 싶을 때 마음껏 놀 수 있는 것, 선생님이나 부모님에게 칭찬을 듣는 것, 예뻐지는 것. 그러나 한쪽에 조용히 앉아 있던 민이는 아프지 않고 매일매일 웃을 수 있었으면 좋겠다고 하고, 몽골에서 온 순이는 엄마가 슬퍼지지 않는 것, 엄마가 돌아가신 욱이는 아빠가 아프지 않고 오래 사는 것, 할머니와 둘이 사는 재현이는 가족이랑 다 같이 사는 것, 이가 빠진 민이는 마음이 따뜻해지는 것이라고 더듬더듬 이야기한다.

그럼 우리는 무엇을 행복이라 생각하나. 좋은 사람을 만나는 것, 원하는 대학에 들어가는 것, 바라는 직장에 입사하는 것, 연봉 많은 직장과 지위, 권력, 명예? 뭘까, 우리가 바라는 행복은. 결혼을 원하는 사람, 사랑하는 사람을 만나고 싶어 하는 바람, 아이 갖기를 기원하는 사람도 있을 것이며, 하는 일이 대박 나기를 고대하는 사람, 전쟁이 멈추고 평화가 오기를 간구하는 사람, 병마들이 퇴치되기를 원하는 사람 있을 것이다. 사람들마다 각자 행복을 달리 이야기한다. 정말 행복은 뭘까.

고대 철학자 에피쿠로스(Epicouros, BC 341-BC 270)는 사람은 누구나 고통은 피하고 즐거움은 원한다며, '즐거움'이야말로 우리를 행복하게 하는 가장 기본적인 원리라 한다. 그런데 이때 즐거움은 단순한 감정의 유쾌함이 아닌 가장 좋아하는 것, 가장 바람직한 것을 올바르게 선택함으로써 갖게 되는 기쁜 마음이다. 다시 말해 에피쿠로스는 올바른 취사선택을 하는 건강한 논리적 사고야말로 진정한 즐거움이라 하는 것이다. 그에 의하면 식욕처럼 자연적이고 필연적인 즐거움이 있는가 하면, 성욕처럼 자연적이지만 필연적이지 않은 즐거움도 있고, 물욕처럼 자연적이지는 않으나 필연적인 즐거움도 있으며, 또 사치나 인기처럼 자연적이지도 필연적이지도 않은 즐거움도 있다.

그런데 진정한 즐거움은 육신의 고통과 정신의 불안으로부터 벗어난 자유로운 상태인 '아타락시아', 즉 마음의 평정이라 하며 에피쿠로스는 마음의 평정이야말로 인간 본성이 추구하는 궁극적인 즐거움이라 한다. 고통을 피하고 욕망을 적절히 절제할 때 우리는 비로소 '선한 삶'을 살 수 있다고 하는 것이다. 이를 위해 무엇보다 중요한 것은 지적 매력을 가진 이들과 즐겁고 유쾌한 교제 속에서 욕망을 적절히 자제하며 마음의 평정을 찾는 것이라 한다.

우리는 그의 이야기를 어떻게 들어야 할까. 지적 매력을 가진 사람이란 지적 호기심을 가진 이들, 그래서 참된 앎을 위해 늘 탐구하고, 새로운 일에 도전하는 사람들일 것이다. 그런 이들과의 교제를 행복의 조건으로 놓는 것은 행복이 소유가 아닌 새로운 앎에 대한 관심과 열정에서 얻는 종류의 기쁨이라는 뜻이리라. 향함은 있어도 소유하지 않으며, 부족할 수는 있어도 궁핍하지 않고, 풍족하지는 않아도 늘 새로운 바로 그것, 그것이 진정한 행복이라는 이야기인가.

공자도 삶의 기쁨을 스승과 친구와 제자와 더불어 학문과 세상을 논하는 것이라 했듯, 에피쿠로스도 행복을 지적 매력을 가진 이들과의 교제에서 얻어지는 것이라 한다. 그의 말대로 행복이 좋은 사람들과의 진정한 사귐의 관계를 통해서 얻는 마음의 평화라 한다면 우리는 돈, 직위, 명예, 권력을 위해서가 아니라 진정으로 그러한 사람들과의 관계를 위해 시간과 노력을 들여야 할 것이다. 한데 우리는 왜 동창들을 만나고 온 날, 행복은 고사하고 더 우울해하고 때로는 부부간에, 부자간에 다투는 것일까. 우리가 여기는 행복은 무엇이기에 그런가.

죽음이 삶에게
건네는 이야기
에픽테토스, 죽음으로부터 자유로워지는 방법

> "죽음은 피할 수 없어도
> 죽음에 대한 두려움은 피할 수 있다."
> – 에픽테토스

세상에서 가장 평등한 것은 아마도 죽음이 아닐까 싶다. 세상에 태어난 이상 죽지 않는 자는 그 누구도 없기 때문이다. 언제 어떻게 죽는가만 다를 뿐 사람은 누구나 다 죽기 마련이다. 아무리 똑똑한 사람도 부유한 사람도, 건강한 사람도, 힘 있는 사람도 결국에는 다 죽음을 맞이해야 하는 것이 인간의 운명이다. 그런데 우린 죽지 않을 것처럼 스스로를 기만하기도 한다. 그것은 우리가 죽지 않을 수도 있어서가 아니라 오히려 죽어야만 하는 것을 알기에 이를 피하려는 마음이 강하게 작용하기 때문일지도 모른다.

　이는 한편으로 건강에 대한 지나친 관심으로 나타난다. 불이 꺼지지 않는 도시의 불빛처럼 어둠을 몰아내듯 죽음의 흔적을 지우고 싶어 하는 사람들은 현대판 진시황이 되어 불로초를 찾아 헤맨다. 이에 부응하여 제약회사들은 저마다 신약 개발에 열을 올리면서 이것이야말로 길이요 진리요 생명이며, 이것만 먹으면 영원히 살 수 있다며 온갖 미사여구를 쏟아낸다. 우리의 침대 머리맡, 식탁 위, 가방 안, 손 안에는 이미 이런 약들이 자리를 차지하고 있다. 이 약들은 우리로 하여금 더더더를 외치며 영웅처럼, 초인처럼, 천재처럼 살라 강권한다.

그러나 일본의 후쿠시마 원자력 발전소 방사능 누출이나 세월호 침몰과 같은 사고, 군부대 총기 난사 사건, 거리의 포트홀 같은 위협들은 물론이고 에이즈와 사스, 메르스, 에볼라로 이어지는 바이러스의 공포, 팔레스타인과 체첸 및 아프리카, 동북아의 긴장 같은 소식들은 우리의 바람과 달리 온갖 죽음의 어두운 그림자를 이 땅 위에 불러들인다. 사고와 같이 예기치 않은 죽음이든, 가을에서 겨울로 이어지는 시간의 흐름과 더불어 순행하는 자연적인 죽음이든, 또는 시간의 선취로서 갖는 실존적 죽음이든, 죽음을 논한다는 것은 어떤 경우에도 그리 쉬운 일은 아니다. 그것은 우리가 죽음을 어떤 형태로든 경험할 수 없기 때문이다. 죽음은 산 자가 결코 경험할 수 없는 영역으로, 우리가 이 세상에 태어난 것이 우리 의지에 의한 것이 아니듯 죽음 또한 우리가 경험하고 싶다고 할 수 있는 일이 아니다. 의지와 전혀 상관없는 일방적인 내몰림이기에 불식간에 닥치는 죽음의 일방성과 불확실성은 우리를 늘 두렵게 한다.

고대 철학자 에픽테토스(Epiktētos, 55?-135?)는 그런 우리에게 나지막하고 따뜻한 이야기를 건넨다. 죽음을 피할 수는 없으나 죽음에 대한 두려움은 피할 수 있다고 말이다. 그는 세계는 '이성'과 '법칙'에 따라 질서 정연하게 움직이는 까닭에 이를 알고 그에 따라 나의 감정과 태도를 달리하는 지혜만 있다면 얼마든지 죽음에 대한 두려움을 극복할 수 있다고 한다. 비록 우리가 세계를 제어하거나 마음대로 변경할 수는 없지만 그에 대한 우리의 감정과 태도는 얼마든지 다르게 가질 수 있다며 연극을 비유로 든다.

연극에서 배우는 자신에게 주어진 역할은 바꿀 수 없지만 그 역을 어떻게 연기하는가 하는 문제는 배우에게 달려 있다. 우리의 행복 역시도 이와 다르지 않다. 그러므로 행복은 어떤 것의 유무에 좌우되는 것이 아니라 사건을 대하는 우리의 태도에 달려 있다는 것이다. 에픽테토스는 자신의 역할이 무엇인지를 알고 불가능한 일에 감정을 유발시키지 않는 '무관심apatheia'이야말로 죽음으로부터 자유로워지는 방법이라 생각한다. 그가 보기에 죽음이 두려운 것은 이성의 법칙을 파악하는 지혜가 부족한 탓에 불필요한 감정이 생기기 때문이다. 그러므로 그 두려움에서 벗어나기 위해서는 '파토스pathos'가 일지 않도록 하는 것, 즉 외부의 영향을 받아 생겨나는 감정으로부터 초연해지는 것이 중요하다.

그렇다면 지혜로운 사람은 정말 죽음을 두려워하지 않고 초연할 수 있을까. 죽음에 대한 두려움은 우리가 지혜롭지 못한 탓인가. 에픽테토스는 아직 일어나지도 않은 일을 막연하게 그럴 것이라 짐작하면서 두려워하며, 확실하지 않은 일로 확실하고 분명한 지금을 소실시키는 어리석음에서 벗어나 지금을 열심히 살아야 한다고 말했다. 그럼에도 우린 아침에 장례차를 보면 싫어하고, 주거지 가까운 곳에 장례식장이 있는 것을 피하고, 돌아가신 분을 집 안에 들이기 꺼린다. 그만큼 죽음에 대한 두려움이 크기에 삶에서 철저히 배제하려는 것이다. 하지만 수시로 죽음에 대한 두려움이 엄습하는 것은 삶 속에서 죽음을 잊지 않도록 하기 위한 자연스러운 현상이 아닐까. 죽음을 망각해서가 아니라 기억함으로써 오히려 잘 살도록 하는 방책처럼.

과시와 무시의
줄다리기

호네트의 인정투쟁

> "'인정'은 우리를 살게 하는 사회적 조건이자
> 자신에 대한 긍정적 의식을 갖게 하는 심리적 조건이다."
> ─악셀 호네트

사람들 사이에서 일어나는 다툼과 갈등과 분쟁에는 어김없이 '무시'라는 말이 등장한다. 친구와 싸운 아이도, 이혼을 결심한 부부도, 폭행을 가한 사람도 다 상대방이 자신을 무시했기 때문이라 한다. 빚을 내서 호화 예단을 준비하는 것도, 다니던 회사에 사표를 쓰는 것도, 사귀던 친구와 만나지 않게 된 대부분의 이유도, 시집이나 처갓집에 가기 싫은 것도, 학교를 그만두고 싶은 것도 모두 무시당하는 것이 싫어서라 한다. 우리가 힘들게 공부를 하고, 학교를 가고, 직장을 얻고자 하는 것, 그리고 높은 직위, 좋은 집, 많은 돈, 강한 권력을 원하는 까닭도 다른 사람들에게 이런 무시를 당하지 않기 위해서다. 우리가 하는 많은 일들이 무시로 인해서 생겨나고 무시 때문에 행해지며 무시에 의해 이루어진다는 말이다. 왜 우리는 서로 무시하면서 힘들어하고, 그런 무시에 대해 다른 것보다 더 예민하게 반응하는 것일까.

독일의 사회철학자 악셀 호네트(Axel Honneth, 1949-)는 이에 관해 무척 설득력 있는 이야기를 한다. 사람은 혼자가 아닌 다른 사람들과 어울려 살아가는 존재로, 사회를 형성하여 다른 사람들과 관계를 이루며 살아간다. 그렇기에 행복과 불행은 물론 자신이 살아가는 의미조차도 다른 사람과의 관계 속에서 찾고 구하고 만들어간다. 자기보다는 다른 사람의 시선을 통해서 인정받으려는 욕망을 가진다는 것이다. 그렇게 사람에게 인정받고자 하는 열망에 사람들은 서로 비교하고 과시하고 무시하면서 경쟁하고 투쟁을 하기에 이른다. 그의 책 『인정투쟁 Kampf um Anerkennung』은 이에 대해 자세히 기술한다.

호네트에 따르면 사람들 사이에서 가장 중요한 것은 무엇보다도 인정이다. '인정'은 사랑과 권리, 그리고 연대 위에서 상호 이해에 따른 상호 인정을 뜻한다. 사람들은 인정을 통해 자신의 정체성은 물론 공동체의 일원으로서 정체성도 형성하며, 이 '인정'은 사람을 살아가게 하는 사회적 조건이자 자신에 대한 긍정적 의식을 갖게 하는 심리적 조건이다. 그렇기에 인정받지 못하는 경우 사람은 '무시'와 '불의'라는 '도덕적 훼손'을 입으며, 이는 인정에 근거하여 살아가는 사람에게 가장 힘든 일이 아닐 수 없다. 그래서 사람들은 저항하기도 하고, 또 과시와 무시라는 과격한 투쟁을 벌이기도 하며, 때로는 사회구조와 맞물려 사회적 투쟁이 일어나기도 한다. 그러므로 '도덕적 훼손이 없는 상호주관성'에 기초한 상호인정을 구축하는 일이 무엇보다 중요하다는 것이 그의 생각이다.

이를 위해 호네트는 인간이 자신의 삶을 잘 실현할 수 있는 규범적 사회적 조건이 무엇인가를 물으며 행위를 통한 실천의 역사·구성적 의미를 새롭게 정의해나간다. 그는 인간과 자연, 사람과 사람과의 관계를 다른 것에서가 아니라 인간화, 다시 말해 사랑과 권리, 연대 위의 상호인정에서 찾는다. 건강한 삶과 사회를 위한 사회 비판의식의 필요성을 제도나 물질, 법 등에서 구하는 것이 아니라 바로 인간, 그것도 인간의 도덕성에서 찾는 것이다. 호네트의 이러한 주장은 다양한 병리 현상도 근원적으로는 도덕적인 문제라고 말하는 것으로, 사람에게 있어 인정의 가장 근본적인 문제는 다름 아닌 바로 도덕에 달렸다는 것이다.

그러고 보면 우리가 행하는 모든 일들이 그의 말처럼 실은 다 인정하고 인정받기 위한 일이라 할 수도 있다. 사람은 혼자보다는 누군가가 같이하고 보아주고 칭찬해줄 때 더 행복해하는 것이 사실이다. 부모의 사랑, 선생의 한마디, 친구의 관심이 힘이 되는 까닭도 그렇고, 관객이 있을 때 감독이나 배우가 더 힘이 나는 까닭도 다 그렇다. 칭찬은 고래도 춤추게 한다고 하지 않던가. 그런 효과에 비하면 우리는 남을 칭찬하고 인정하는 일에 인색하다. 남을 칭찬하고 인정한다고 내가 어려워지고 힘들어지는 것이 아닌데 왜 우리는 그러지를 못할까. 왜 우리는 언니와 동생을 비교하고, 나보다 시집 잘 간 친구를 시기하고, 나와 다른 사람을 무시하고, 이유 없이 상대를 비방하며, 나보다 어려운 사람 앞에서 과시하는 것일까. 경쟁이 때로는 발전을 가져오기도 하지만 지나친 경쟁은 우리 모두를 아물지 않는 상처와 아픔, 그리고 절망 속으로 이끌어간다. 내가 남을 인정할 때 그도 나를 인정하는 법이다. 우리는 선한 경쟁을 하며 있는가. 아니면 너도 나도 패자만 있는 리그에 목매고 있는 것일까.

우리는 진정으로
무엇을 원하는가

피타고라스와 밀의 행복론

"배부른 돼지보다는 배고픈 소크라테스가 낫다."

- 존 스튜어트 밀

신분에 의해 주어진 삶에서 스스로 만들어가야 하는 삶으로 바뀐 근대 사회에서 지식은 단순한 앎에 대한 열망을 넘어 신분 상승의 사다리로 작용한다. 그래서 현대에서는 교육이란 이름으로 온갖 지식 산업이 다양하게 행해지고 있다. 자신이 원하는 것이 무엇인지도 모른 채 우리는 저마다 경주에 나선 선수들처럼 지식을 습득하기 위해 내리닫는다. 그리고 주어진 순위를 받아들고 감격하기도 하고 슬퍼하기도 하며, 낙담하기도 한다. 이유도 모르면서 그저 주어진 결과에 희비를 엇갈려 한다. 우리는 도대체 무엇을 위해 이렇게 열심일까. 우리가 원하는 것이 정말 이런 삶이었나.

피타고라스(Pythagoras, BC 570?-BC 495?)는 삶이라는 경기장에 가는 사람의 비유로 이런 물음에 의미 있는 이야기를 건넨다. 그는 경기장에 가는 사람은 크게 세 부류로 나누어볼 수 있다 한다. 하나는 경기장에서 물건을 팔아 이익을 남기려는 사람이고, 하나는 경기에서 이기고자 하는 운동선수이며, 세 번째는 이들과 전혀 달리 단지 경기를 관람하러 가는 사람이다. 이들 중에서 실제로 경기를 가장 잘 즐기는 사람은, 이익을 남기려는 사람이나 운동에서 이기려 하는 사람이 아니라 단순히 경기를 관람하러 간 사람이다. 경제적 이익을 남기거나 명예를 구하려는 사람은 이에 집착하여 경기를 제대로 즐길 수 없으나, 경기를 관람하러 간 사람은 모든 이해관계에서 벗어나 순수하게 경기에 빠져들 수 있기 때문이다.

피타고라스의 이런 이야기는 삶의 진정한 의미가 무엇인가를 다시금 생각도록 한다. 관조하는 삶이야말로 가장 바람직한 삶이라 하는 피타고라스의 이야기가 지금 여기 사는 우리에게도 여전히 유효할까. 물질의 크기를 중시하고 그것을 갖기 위한 수단으로서 지식을 추구하는 데 전력하는 현대인들에게 물질로부터 명예로부터 거리 두기를 하라는 이 말이 과연 가능한가. 카를 마르크스도 중요하게 여기며 온 인류가 그로 인해 요동치고 수 세기가 지난 지금도 그 논리에서 벗어나지 못한 자본과 물질로부터 거리를 두고 경쟁에서 물러나 있으라는 그의 이야기가 과연 타당하기나 한 것인가. 어쩌면 그렇기에 역으로 피타고라스의 주장이 더욱 필요한지도 모를 일이다. 물질이 없어서가 아니라 너무 넘쳐서 우리가 잊고 잃어버린 것들은 없나. 재벌 회장, 권력을 가진 대통령, 미모의 인기 스타, 건강한 운동선수가 세상을 등지는 이유는 뭘까.

존 스튜어트 밀(John Stuart Mill, 1806-1873)은 만족한 바보와 불만족한 소크라테스의 비유를 들어 사람에게 진정 필요한 것이 무엇인가를 이야기한다. 그는 사람을 단순한 물적 욕구로는 채워질 수 없는, 지성이나 상상력 같은 보다 고차적인 가치를 추구하는 존재라 한다. 다시 말해 사람은 단순한 양적인 문제 그 이상의 고차원적인 무엇이 전제되어야 행복할 수 있다는 것이다. 그러나 이는 누구에게나 동일한 것이 아니라며 밀은 서로 다른 선호 내지는 느낌, 판단에 의해 개개인이 다를 수 있음을 이야기한다. 그는 우리 행복의 근거가 단순한 즐거움이 아니라 사람마다 다른 그 무엇이라고 한다. 다시 말해 행복이 도덕적 삶의 중심, 인간 행위의 가장 바람직한 목표임은 분명하나 그 행복은 자신이 원하는 것이어야 한다는 것이다. 그런 의미에서 밀은 외적인 요소보다는 내적인 것에 보다 관심을 기울이며 이를 자연적 감정으로, 주관적 느낌으로, 그리고 인류의 양심적 감정과 연결해나간다. 이는 사람은 누구나 행복하기를 원하지만 그 행복은 사람마다 다를 수밖에 없음을 말한다. 그렇기에 무엇이 자신을 행복하게 하는지는 생각하지 않고 마치 어떤 무엇이 우리를 행복하게 하는 것처럼 모두가 그것을 향해가는 것은 결코 행복과는 관계없는 일이라 하지 않을 수 없다.

밀은 그러한 면에서 다수에 의한 소수의 억압을 경계한다. 우리의 행복은 수에 있지도 물질에 있지도 않다. 그럼에도 우리는 여전히 다수가 행하는 것, 다른 사람이 이야기하는 것, 사회가 요구하는 것에 이끌린다. 자신이 진정으로 원하는 것이 무엇인가를 생각지도 않은 채, 무엇이 어쨌더라, 그것을 하면 어찌 된다더라 하면서 '카더라 통신'에 우리는 우리의 모든 것을 아무렇지도 않게 쉽게 내어준다. 그리고 그 때문에 살기도 하고 죽기도 한다. 그 전에 한번 내가 정말 원하는 것이 무엇인지 나는 어떤 일을 할 때 가장 행복한지를 생각해 본다면, 우리를 닦달하는 것들로부터 잠시 거리를 둘 수 있지 않을까. 조금만 여유를 가지고 생각해본다면, 우리는 어쩌면 지금보다 훨씬 더 행복하고 가치 있는 삶을 살 수 있지 않을까. 우리 모두가 서로 다른 일을 하며 서로 다른 행복을 느끼면서······.

나는 무엇에
이끌리는가

프로이트의 의식과 무의식

"사람을 실제로 움직이는 것은
의식이 아니라 무의식이라는 충동이다."
– 지크문트 프로이트

오늘은 참으로 이상한 날이다. 갈 때도 그렇고 올 때도 을지로에서
갈아타야 하는데 충무로에서 내리고, 버스를 타야 하는데 나는 전
철 앞에 서 있다. 잠시 생각에 몰두한 새 내 몸은 무엇에 이끌렸는지
나를 엉뚱한 곳으로 데려간다. 생각을 하다 생각을 잊고 길을 잃었
다. 나의 의지로 살아간다고 생각하지만 잠시라도 긴장을 놓으면 나
는 예정했던 길이 아닌 다른 길을 가고 있다. 지금이라는 의식의 찰
나보다 무의식이라는 몸에 익은 오래된 명령을 더 잘 따르는 나, 내
가 무엇을 좋아하는 것은 내 의지의 소산인가, 아니면 오랫동안 내
재화된 무의식의 이끌림인가. 이에 대한 지크문트 프로이트(Sigmund
Freud, 1856-1939)의 대답은 의식이 아닌 무의식이다. 프로이트는 헤
겔의 이성에 대한 절대적 관념론을 반대하며 나온 쇼펜하우어의 염

세주의적 비이성주의에 영향을 받아 사람에겐 그렇게 이성적이고 합리적인 면만 있는 것이 아니라 반대로 비이성적이고 비합리적인 요소가 더 많다고 하며, 의식보다 더 거대한 무의식이 우리의 삶을 지배하고 있다고 한다.

프로이트의 이러한 주장은 의식 위주의 사고로부터 무의식에 의한 사고로의 일대 전환을 가져온다. 우리를 실제로 이끄는 것은 의식이 아닌 '무의식'이라 하며, 프로이트는 이 무의식을 '충동Trieb'이라 부른다. 그에 따르면 충동은 단순한 생물학적 본능과는 구별된 인간만이 가지는 특성으로, 태어날 때부터 가지고 있는 것이 아니라 인간 의식의 활동을 통해 오랫동안 내재화된 것이다. 이러한 충동이 어떤 자극에 의해 대상과 연결되면 그것을 '욕망libido'이라 이름한다. 그런데 그 욕망이 제대로 분출되지 않고 지나치게 '억압'되면 여러 가지 다양한 병리 현상으로 드러나기 마련인데, 욕망이 억압되어 일어나는 잔여 현상이 꿈이라 할 수 있다. 이때 꿈은 의식의 검열을 피해 삶에서 경험한 것을 여러 이미지로 중첩시키는 '압축'과 앞 뒤 순서를 바꾸는 '전치'를 통해 드러난다. 그렇기에 꿈의 메커니즘을 이해하고 의미를 잘 해석하면, 왜곡되고 변형된 정신의 문제를 해소할 수 있다는 것이 프로이트의 '정신분석학'이다.

그에 따르면 우리에게는 '의식'만이 아니라 우리가 알지 못하는 '무의식'과 '전의식'이 있으며, 의식에는 태어날 때부터 가지고 있는 '원초아Id'와 이성적 분별을 하는 '자아Ego', 그리고 이를 넘어서 있는 '초자아Superego'가 있다고 한다. 그런데 이들은 우리가 살아가면서 무엇을 어떻게 경험하고 체험하고 습득하는가에 따라 달리 이루어진다. 그러므로 무엇을 어떻게 하며 성장했는가가 중요한데, 프로이트는 이 성장 단계의 발달 과정을 성을 중심으로 설명한다. 그것이 구강기, 항문기, 남근기, 잠복기, 성욕기로, 신체 부위와 관계되는 앞의 세 단계를 '전성욕기', 뒤의 두 단계는 이성관계 등 사회적 활동을 통해 만족을 추구하는 '성욕기'다. 프로이트는 리비도의 이동에 따른 각각의 시기에 어떤 경험을 하며 어떤 도덕과 윤리와 마주하는가에 따라 심리상태가 다르게 형성되고, 이것이 일상 생활에서 무의식적으로 다양한 형태로 드러난다고 한다. 이러한 주장은 그가 1899년 발표한 『꿈의 해석 Die Traumdeutung』과 『정신분석 강의 Vorlesungen zur Einführung in die Psychoanalyse』(1917), 『정신분석학 개요 Abriß der Psychoanalyse』(1940) 등 수많은 저서들에 잘 설명되어 있다.

프로이트의 주장처럼 그동안 내가 행한 일들이 나의 의지에 따른 것이 아니라 실은 무의식에 의한 것이라면, 의식에 의한 행동과 그렇지 않을 때는 어떤 차이가 있을까. 나만이 아니라 다른 사람도 무의식의 발로에 의한 행동이었다면 그는 어떻게 대해야 하나. 현재의 일들이 언제인가 알 수 없던 시기에 겪었던 경험과 관련이 있다 한다면, 그래서 그때로 회귀해야 한다면 도대체 어디까지 회귀하여야 하나. 세 살 버릇 여든 간다는 속담처럼 기억도 없는 세 살로 돌아가야 할까. 그렇다면 앞으로 나는 무의식적 행동을 하지 않기 위해 더 긴장하고 살아야 하나, 아니면 무의식이 내는 신호에 귀를 기울이고 삶의 속도를 늦춰야 하나.

한데 그것이 개인의 문제가 아니라 사회구조적 문제라 한다면 그것은 또 어떻게 해야 할까. 감정조차도 상품화하는 현대 사회에서 사람답게 살고자 하는 우리의 바람은 점점 더 멀어져 간다. 그렇다면 급증하는 정신 병리 현상과 현대 사회는 필연적으로 그럴 수밖에 없나. 그렇다면 우리의 미래는? 그런 사회에서 우리는 무엇이 되어 살아야 할까.

삶과 죽음 사이에서
욕망하는 나

스피노자의 직관을 통한 욕망

> "정신과 육체는 하나의 실체에
> 서로 다른 두 가지 속성이다."
> — 바뤼흐 스피노자

나이를 더해가면서 늘어나는 것은 단지 주름만이 아니다. 근심도 늘고, 옷의 사이즈도 늘고, 안경 개수도 늘고, 그리고 버려야 할 것도 늘었다. 의학과 의술의 발달은 식탁 위의 약을 늘리고 우리 수명도 늘려간다. 자기 지속으로서의 영생에 대한 열망을 더 이상 십자가 종교에서 구하지 않는 사람들은 생명공학이라는 새로운 종교의 신도가 되어 신약과 자본, 그리고 정보라는 삼위일체 앞에서 진시황이 구하던 불로초의 부활을 꿈꾸며 찬송하고 기도하며 감사의 예배를 드린다.

줄기세포와 유전자 복제는 상식이 되어버렸고, 성형과 다이어트 운동은 필수가 되었으며, 유기농 음식과 보조 식품, 건강 음료는 선택이 되었다. 대중매체는 이들의 영토가 된 지 오래고, 교육은 이들의 홍보 역을, 정치는 이 모두를 실현해가는 총사령탑의 역할을 담당한다. 생명 있는 것들이 자기를 보존하고 유지하고자 하는 욕망은 당연한 일이겠지만 이에 대한 지나친 맹신과 맹종은 항상 우리를 부자유하고 주변을 불편하게 한다. 뭘까. 이 모든 것은. 혹 자기를 돌아보지 못하고 앞만 보고 달려온 사람들의 보상 심리인가. 아니면 살만해진 졸부의 행태인가. 아니면 자본주의 상품화의 전략인가.

우리와 다른 시간과 공간을 살았던 유대계 철학자 바뤼흐 스피노자(Baruch Spinoza, 1632-1677)는 이러한 태도가 왜 문제인지를 아주 친절하고 자세히 설명한다. 그에 따르면 사람에겐 누구나 자신의 존재를 지속해나가려는 충동인 '코나투스conatus'가 있기 마련이다. 이 코나투스가 육체와 정신에 작용하면 '욕구'가 되는데, 욕구가 의식이 될 때 우리는 그것을 '욕망'이라 부른다. 그런데 사람은 더 높은 정도의 자기 보존과 완성을 의식할 때 진정한 기쁨을 경험하고, 완전성이 감소할수록 고통을 겪게 된다. 그러므로 사람은 단순한 감각에 기원하는 상상에서가 아니라 과학적 지식을 제공하는 이성으로, 그리고 다시 자연 전체를 파악하는 직관으로 이행할 때만이 진정한 기쁨을 경험할 수 있다는 것이다.

우리 이성은 사물들의 참된 본질을 반영하는 관념들을 형성하며 모든 관념에는 그에 대응하는 사물이 있다고 보는 스피노자는 정신은 육체에 대응하는 관념으로, 정신과 육체는 하나의 실체에 서로 다른 두 가지 속성이라 한다. 실체란 스스로 존재하며 그 자신을 통해서 인식되는 것이라 한다면, 속성은 지성이 실체의 본질을 구성하는 요소로 지성은 유일한 실체를 다양한 방식으로 지각한다고 한다. 한데 우리가 실제로 인식할 수 있는 속성의 양태는 사유와 연장으로, 스피노자는 육체와 정신은 유일한 실체의 서로 다른 방식의 두 가지 속성, 즉 관념과 그에 상응하는 실체라고 한다.

이때 무한한 사유와 무한한 연장성으로서 지각되는 이 유일한 실체를 스피노자는 신이라 하며 신을 자연과 대응시킨다. 신은 자연의 관념이며 자연은 신의 실체라 하는 것이다. 세계는 신과 구별되는 것이 아니라 사유와 연장성, 즉 사유와 물질성의 다양한 양태로 표현된 신인 것이다. 그러나 스피노자는 신의 실체와 그 속성을 의미하는 '능산적 자연natura naturans'과 신의 본성이나 속성 중 어느 하나의 필연성에서 비롯되는 일체를 의미하는 '소산적 자연natura naturata'을 구별하면서 신적 자연과 물리적 자연을 나눈다.

스피노자의 '신즉자연神卽自然'이라는 독특한 사상은 1675년에 쓴 『윤리학Ethica』에 잘 서술되어 있다. 그는 세계를 신의 본성에 의해 이루어진 것으로 보고 만물은 그에 따라 움직이는 지속적이고 필연적인 운동 중에 있다고 말한다. 사람 또한 그 안에서 살아가는 존재이기에 인간의 행위도 자연현상과 같이 수학적으로 설명 가능하다 한다. 그런데 이를 알지 못하는 사람은 인간에게 자유가 있다고 생각하는 까닭에 그에 따른 고통을 겪는다는 것이다. 세계가 그렇지 않다는 것을 직관으로 깨달아 아는 사람은 모든 것이 필연적이라는 사실을 알고 그에 맞는 행동을 하기에 불필요한 욕망을 일으키지 않는다. 다시 말해, 정신이 일체의 사물을 필연적으로 이해할 때 정신은 자신을 다스리는 제어력을 보다 잘 발휘할 수 있기에 행복할 수 있다는 것이다. 그렇지 않으면 사람은 자신의 존재를 지속하려는 충동을 가지며 그에 따른 욕망으로 인해 고통을 겪기 마련이라 한다. 결론적으로 스피노자는 정신의 더 높은 활동인 직관을 통해 이러한 욕망을 극복해가야 한다고 이야기한다.

그의 말대로 자연의 순리를 깨달아 안다면, 그래서 구해야 할 것과 절제해야 하는 것을 구별할 수 있다면 인위적으로 강제로 욕망하고 욕구하는 것보다 훨씬 더 바람직한 삶을 살 수 있지 않을까 하면서도 우리는 오늘도 거울 앞에서 바르고 문지르고 먹는다. 온갖 청유형과 명령어로 쓰인 문구를 따라서.

사람이 잘하는 세 가지 거짓말이, 다음부터 하겠다는 말과 남는 거 없다는 장사꾼의 말, 그리고 노인의 얼른 죽고 싶다는 말이라 한다. 아무리 이 세상의 삶이 고통스럽다 하여도 진심으로 서둘러 삶을 등지고 싶은 사람은 없을 것이다. 자기를 지속해가고 싶고, 젊음을 유지하고 싶고, 생명을 연장하고 싶은 것이 어쩌면 생명 있는 자로서 당연한 일일 수 있다. 하나 조금만 달리 생각하면, 그리고 조금만 더 깊이 생각한다면, 조병화 시인도 이야기하듯이 제때를 알고 떠나는 꽃이 얼마나 아름다운가. 온실의 화초보다 저 밖에서 사계절을 지낸 풀들이 얼마나 건강한가. 제철 음식이 맛도 영양도 있듯이 자연에 순응하고 그 안에서 풍요를 누리는 삶은 얼마나 멋진가. 결코 쉬운 일은 아니지만 삶에도 품격이 있듯이 죽음도 존엄할 수 있다면 그 또한 행복한 일이 아니겠는가.

자본주의 건강 산업의
비밀스러운 거래

가다머와 야스퍼스, 해석학적 관점에서의 의학

"바람은 만물에 생명을 불어넣고
만물이 숨을 쉬게 하는 원동력이다."
— 로버트 코링턴

요즘엔 어느 집에 가도 식탁 한쪽에 약상자가 놓인 풍경이 어색하지
않다. 온갖 보조 식품과 영양제로 가득한 약상자는 우리의 건강 염
려증을 대변하듯 종류도 점점 더 다양해지고 양도 늘고 있다. 건강
에 대한 염려는 식탁만이 아니라 우리 삶의 모습도 바꾸어간다. 집
안을 채워가는 건강 기구들, 운동을 하기 위해 가는 곳, 시간의 우선
순위, 그에 따라 만나는 사람도 일도 달라지고 구매 조건도 달라진
다. 그런데 건강에 대한 무관심도 문제지만 건강에 대한 지나친 환
상과 염려도 문제다. 매달 받아보는 의료보험 고지서와 매년 날아오
는 정기검진 청구서는 잊을 만하면 건강에 대한 염려증을 다시 불러
일으킨다. 한해살이처럼 건강검진을 신청하는 것으로 시작하여 검
진 결과표를 받아들며 한 해를 마무리하는 우리. 아, 올해는 무사히

넘겼구나 하면서 해마다 건강에 대한 두려움을 입었다 벗었다 한다.

건강에 대한 염려와 그에 따른 두려움은 어쩌면 일정한 시간을 살아가는 사람에게 필연적인 존재 조건일지도 모른다. 그래서인지 정도의 차이는 있지만 인류는 생명을 연장하고, 정복하고, 다스리고자 끊임없이 노력을 경주해왔다. 그 결과 대다수의 사람들이 이전보다 건강하게 사는 것도 사실이다. 여기에는 분명 의학의 진보가 중요하게 작용한다. 하지만 육체에 한해서라는 단서가 붙어야 하는 것도 사실이다. 우리는 육체만이 아니라 그 이상의 무언가를 추구하는 존재로, 진정한 건강은 이 모두가 온존하는 것이어야 한다.

그러나 현대 의학은 아쉽게도 건강을 육체적인 메커니즘에 한정시킨다. 비록 의료사회, 인문의학, 정신건강 등과 같이 새로운 언어를 사용하고는 있지만 서구 의학이 가지는 한계를 크게 벗어나고 있지는 않다. 독일의 철학자 한스 게오르크 가다머는 바로 이러한 서구 의학의 한계에 대해 『현대 의학을 말하다 *Über die Verborgenheit der Gesundheit*』에서 소상히 밝힌다. 그는 사람을 어떻게 정의하고 규정하는가에 따라 건강도 질병도 치료도 달라지기 마련이라며, 기존 육체 중심의 건강, 질병, 치유 체계를 예리하게 비판한다. 그는 사람은 전인적 존재이기에 의료 역시 전인적인 입장에서, 단순한 기술학이 아닌 해석학적 관점에서 접근할 필요가 있다 한다.

해석학적 의학이란 환자도 사람이기에 자신이 처한 모든 것들을 하나로 달리 이해하며 생성해가는 주체라는 인식에서 출발한다. 병이 드는 것도 나요, 낫는 것도 나이기에 치료의 주체 역시 나여야 한다는 것이다. 의사는 치료의 조력자로서 참여할 뿐, 치유에 대한 책임은 바로 자기 자신일 수밖에 없으며, 의사가 병을 낫게 하는 것이 아니라 자기가 자기를 치유해가는 것이라 한다. 즉 나는 의사의 도움을 받으며 내가 처한 상황 안에서 모든 것을 하나로 하면서 치료에 힘을 쏟아야 하는 치유의 주체다. 의사와 나는 대등한 인격적 관계하에서 치료에 같이 참여하는 동반자로, 건강이란 단순한 신체의 메커니즘 관리만이 아닌 일상적 삶을 영위하는 데까지 이르러야 한다고 하는 것이다.

이러한 해석학적 입장에서 치유의 문제를 접근해가는 또 한 사람이 카를 야스퍼스(Karl Jaspers, 1883-1969)다. 그는 가다머처럼 '이해'를 통한 해석의 문제로 건강을 논하면서, 건강은 단지 육신의 문제만이 아니라며 이전의 방식과 다른 정신건강의 문제를 다룬다. 수전 손태그가 『은유로서의 질병 Illness as Metaphor』에서도 이야기하듯이 병은 몸이 내게 하는 소리이므로, 언어로서 이해하고 해석할 수 있어야 한다는 것이다. 그러할 때 서로 다른 언어 체계로 이야기하는 사람들의 정신적 문제 역시도 해소할 수 있다며 야스퍼스는 『정신병리학 총론 Allgemeine Psychopathologie』을 쓴다.

그리고 프랑스의 장 디디에 뱅상과 뤼크 페리는 『생물학적 인간, 철학적 인간 Qu'est-ce que l'homme?』을 함께 집필하며 몸과 마음의 상관관계 차원에서 건강의 문제를 논한다. 사람은 서로 다른 두 연장된 물체의 결합이기보다는 한 사람을 설명하는 두 방식으로, 그 어느 쪽도 건강하지 않으면 온전한 건강을 기대할 수 없기 때문이다.

또 이와는 다른 측면에서 현대 사회가 가지는 문제를 정신 병리와 연결 지어 설명하는 사람이 재독 철학자 한병철이다. 그는 각각의 시대는 그 시대의 문제를 함축하고 있는 병이 있다며 현대의 병은 정신적 문제와 관련이 깊다 한다. 그는 병의 원인을 크게 세 가지 유형으로 나누는데, 나와 구분되고 분리도 되는 늑대형과, 분리는 되나 구별되기 어려운 쥐형, 그리고 구분도 분리도 하기 어려운 바이러스형이 그것이다. 그런데 현대는 늑대나 쥐가 아닌 바이러스 유형의 병이 만연하고 있다며 그 까닭을 현대 사회의 문제와 연결한다. 성과를 중시하는 현대 사회에서는 너도 나도 무한 경쟁에 내몰림으로써 만성 피로에 시달리며, 그것이 결국 현대인의 삶을 위태롭게 한다는 것이다. 다시 말해 현대의 대부분의 병은 신체의 외상이나 외부에서 들어오는 병원체가 아니라 자기가 자기를 가해하는 것이 문제라 한다. 만성피로에 찌들어 면역체계에 이상을 갖게 된 현대인들은 자기가 자기를 공격하는, 이른바 우울증과 같은 바이러스형의 정신적 질병이 문제가 된다.

그렇다면 이는 개인의 문제이기보다 사회구조적 문제라 할 수 있다. 다시 말해 병은 개인의 아픔이나 고통이기 전에 사회구조적 문제와 깊이 연관된다고 할 수 있다. 사회와 국가가 개인의 건강에 적극적으로 개입해야 하는 이유이기도 하다. 그러나 이것은 전 국민의 건강검진 같은 것으로 해소할 수 있는 일이 아니다. 우리가 온갖 약을 먹고, 아침저녁으로 운동에 매진하고 조기 검진을 한다 해도, 사회구조가 바뀌지 않는 한 우리는 결코 건강하기 힘들다는 사실을 이제는 이야기할 수 있어야 한다. 그것이 의대에서 사람에 관한 학문인 철학과 사회학이 말해져야 하는 이유이기도 하다. 사람의 건강을 논하는 의학이 사람이 어떤 존재인지, 그들이 어떤 상황에 놓여 있는지를 알지 못한다는 것은 환자가 누구인지 모르고 단지 의학적 기술을 펼친다는 이야기와 다르지 않다. 병은 사람마다 다르게, 사회와의 관련성 속에서 파생되는 것이라 한다면 신체에 관한 메커니즘만을 논하는 의학은 하나의 기술학에 지나지 않는다. 단순히 신체만의 존재가 아닌 사람을 현대 의학이 여전히 기술에만 의존해 치료한다면 의학은 곧 그 역할도 컴퓨터와 로봇에 넘겨주어야 할 것이다.

서구 의학이 의존하고 있는 근대의 진단의학은 많은 경우 불편함을 특정 병명으로 규정하고 약을 처방하고 일반적 사람과 구별하기 시작한다. 그러나 엄밀히 말하면 이 세상에 건강한 사람은 하나도 없을지도 모른다. 일정한 시간과 공간 안에서 몸을 입고 사는 우리들, 다시 말해 한계 상황 안에 살아가는 우리의 구체적 모습이란 언제나 부족과 결함, 그리고 결핍과 문제, 아픔을 동반하기 마련이다. 다소의 차이는 있지만, 그리고 사람마다 다를 수는 있지만 우리는 조금과 더 사이에 서 있을 뿐이다. 다시 말해 조금 이상한 사람과 조금 더 이상한 사람만이 있을 뿐 온전히 건강한 사람이란 없다. 결코 배제할 수 없는 온갖 문제들 속에서 살아가는 것, 그것이야말로 우리의 존재성이라 해야 할 것이다. 그래서 우리는 이들과 더불어 견디고 아파하면서, 또 때로는 이들을 제어하고 다스리면서 살아가야 하는 것 아니겠는가.

세상에는 이런 문제들을 자기 삶의 원동력으로 삼아 승화시켜가는 이가 있는가 하면 또 어떤 이들은 이를 배제하기 위해 주어진 삶을 낭비하기도 한다. 우리는 어떠한가. 건강하기 위해 나의 삶을 버릴 것인가. 아니면 이들과 더불어 나의 삶을 만들어갈 것인가. 슬픔을, 아픔을, 고통을 삶의 에너지로 변환하며 작품으로 승화시켜가는 사람에게 '고통과 창의성'은 동전의 앞면과 뒷면 같은 것이다.

고흐는 아픔을 삶의 에너지로 바꾼 우울한 천재일까, 아니면 자기 환상에 빠져 건강을 잃어버린 즐거운 바보였을까. 고통이 있는가 없는가가 아니라 이를 어떻게 하는가가 우리 삶의 문제라 한다면 이를 배제하기보다 오히려 이를 부리고 다스리는 지혜가 필요하지 않을까. 로버트 코링턴Robert S. Corrington의 말처럼 아름답고 탁월하고 멋지고 매혹적인 사람이기 위해서는 고통이라는 생명력 — 바람의 말 — 을 타고 자유롭게 살아야 하는 것은 아닌지. 역설적이게도 그때 비로소 우리는 아름답고 자유롭고 건강한 사람일 수 있는 것이 아닌가 싶다. 자기가 처한 문제를 고통스러운 자기 조절을 통해 치유해가는 과정을 사는 사람, 자본주의의 의학 산업에 이끌려서가 아니라 온전히 자기로 사는 사람, 그런 사람이 되어야 하는 것은 아닌지, 식탁 위에 약통 대신 시집 한 권 놓을 수 있는 그런 사람 말이다.

우리는 무엇을 하며
살아가는가

아렌트, 참다운 삶은 노동이 아닌 작업에 있다

"행위를 하며 우리는 동등해지기도 하나,
행위로 인하여 우리는 각자 다른 존재가 된다."
– 한나 아렌트

시즌이 되어서인가, 문화 예술 사회여서인가. 유난히 많은 포스터가
눈에 띄는 요즈음, 음악회부터 연주회, 전시회 공연들의 익숙한 이
름들이 다정한 목소리로 부른다. 와서 자신의 이야기를 들어보라고.
자신이 보고 느끼고 생각하고 경험한 것들을 보고 느끼고 경험하며
같이 이야기해보자고. 하지만 우리는 늘 바쁘게 걸음을 옮긴다. 일
이 있기에. 한데 그 일이 뭔가. 나는 지금 무슨 일을 하며 있나. 도대
체 무엇을 위해 하고 싶은 일들을 외면하는 것인가. 살기에 어쩔 수
없이 하는 일인가. 어떤 특정한 목적을 이루기 위함인가. 아니면 삶
을 의미 있게 살고자 함인가.

  왜 해야 하는지 미처 깊이 생각도 하지 못하던 시절부터 공부에
내몰려진 이후 우리는 성적에 맞추어 대학을 가고, 전공을 선택하

고, 직장을 얻어 그저 남들처럼 오늘도 그렇게 일하며 산다. 적성도 아니고, 하고 싶은 일도 아니고, 잘하는 일도 아닌 일을 다만 돈을 벌기 위해, 직업을 갖기 위해 우리는 좋든 싫든 오늘도 일할 뿐이다. 나는 일을 한다며 그저 삶을 허비하고 있는 것인지 아니면 기쁨과 성취를 일구어가고 있는 것인지 도무지 알 수가 없다. 그럼에도 우리는 일을 하러 매일 길을 나선다.

한 손에는 커피를 들고 한 손에는 스마트폰을 잡고, 귀에는 이어폰을 꽂고, 손목에는 스마트 워치를 차고, 수시로 변색되는 안경을 쓰고, 언제나 녹음되는 펜을 양복 주머니에 끼우고, 도시의 화려한 건물로 들어선다. 그곳의 신자가 되기 위해 스스로 최면을 걸면서 밀폐된 건물 안으로 걸음을 옮긴다. 틀림없이 사람들이 선망과 부러움을 보내리라 믿으면서 나는 전문직이고, 최첨단 과학의 이기를 누리고, 최고의 월급을 받으며, 최대의 대우를 받고, 제일의 직장에 다닌다는 주문을 외운다. 모범생, 능력자, 성공인이라는 교리집 제1장 1절에 나오는 스펙 쌓기를 충실히 수행하며 나는 스스로 치밀하게 짜 맞추어 길든 기술자, 노동자라는 사실을 인정하지 않을 것을 다짐한다.

직장과 직위가 모든 것을 대변하기에 우리는 이를 위해 전력투구한다. 복권을 사듯, 투기를 하듯 내가 하는 일이 어떤 의미가 있는지, 우리 모두에게 어떤 영향을 미치는지, 이 일로 인하여 우리 모두의 미래가 어떠할지 알 바가 아니다. 그저 그 일이 다른 사람들의 시선에 좋아 보이고, 능력 있어 보이고, 행복해 보이고, 멋져 보이면 그것으로 족하다. 우리는 단지 그것을 위해, 가만히 서 있으면 넘어지는 두발자전거처럼 더 멀리, 더 빨리, 더 많이, 더 먼저 도달하기 위해 강하게 페달을 밟아나갈 뿐이다.

몸을 입고 사는 인간의 어쩔 수 없는 숙명인지, 자신의 한계를 넘어서고자 하는 사람들의 희구인지 도무지 알 수가 없다. 그런데 독일 출생의 유대 여성 철학자 한나 아렌트는 분명한 어조로 이에 대해 이야기한다. 이런 삶은 참다운 삶이 아니라고, 이러한 삶은 자유로운 삶을 살게 하는 것이 아니라 우리 스스로 동물이 되어가는 길일 뿐이라고. 1958년에 발표한 저서 『인간의 조건 *The Human Condition*』은 이러한 그녀의 생각을 잘 드러내고 있다. 아렌트는 이 책에서 '인간의 조건'을 '노동', '작업', '행위'라는 세 가지 관점에서 깊이 있게 논의한다. 그리고 인간의 참다운 삶은 노동이 아닌 작업에 있음을 피력한다. 그녀에 따르면 인간은 생명을 유지하기 위해 다양한 조건을 만족시킬 필요가 있는데 그것을 충족시키는 것이 곧 노동이다. 그런데 노동의 목적은 인간이 생명 유지에 필요한 것을 만들어내는 것이므로, 노동의 본질은 다름 아닌 '노예화'라는 것이다. 그러므로 스스로를 노예화하는 노동을 강요하는 사회는 사람을 자유롭게 하는 것이 아니라 점점 더 부자유한 동물로 퇴화시킬 뿐이라 한다.

발달된 과학 문명은 우리를 노동으로부터 해방하기보다는 오히려 기계의 일부가 되기를 강요하는데, 우리는 자신이 그러한 삶을 살아가고 있다는 자각조차도 못 하고 있다는 것이 그녀의 지적이다.

실제로 기계의 등장으로 짧은 시간에 동일한 물건을 대량 생산할 수 있게 된 근대 사회는 물질의 풍요와 편리함을 제공하나 대신 오랜 시간 숙련된 작업을 통해서 만들어진 작품을 단지 시장에서 교환되고 소비되는 상품으로 대치시킨다. 작품을 만들던 장인이 노동자가 되어야 하는 것이다. 사람은 제작자가 아닌 그저 기계를 조작하는 노동자가 되어, 작업 과정을 이끄는 것이 아니라 발전된 기계의 생산 과정에 사람이 맞추어진다. 이러한 물리적 노동의 축소는 사람들로 하여금 노동의 종속에 대한 경각심을 상실케 함으로써 스스로 부자유한 동물로 퇴화하게 한다는 것이 아렌트의 주장이다.

그렇다면 나는 어떠한가. 나는 동물로 퇴화하고 있는가 아니면 사람답게 살고자 애쓰고 있나. 나는 일과 더불어 살아 있음을 느끼고, 삶의 의미를 찾고, 생활도 영위하는가. 아니면 일에 치여 삶을 소진해가고 있는가. 늘 무언가를 하며 있는 우리, 때론 일이 많아서, 힘이 부쳐서, 마음에 들지 않아서, 잘되지 않아서, 노력에 비해 대가가 너무 적어서, 결과가 만족스럽지 않아서, 또 기대와 평가가 일치하지 않아서 힘들어하기도 하지만, 우리는 일이 있기에 필요한 것들을 취하고, 새로운 것들에 대해 알기도 하며, 사람과 만나 관계하기도 하고, 성취의 기쁨도 누리며 진일보한 미래를 꿈꾸기도 한다. 이처럼 우리는 일하며 기쁨도 슬픔도 느낀다. 한데 그 일이 무엇일까. 단순히 목숨을 부지하기 위해서 하는 것인가, 돈을 벌기 위한 것인가, 아니면 아름답고 의미 있게 살기 위한 것인가. 나는 삶의 대부분의 시간을 무엇을 하며 있나. 일인가 노동인가 작품인가.

살아 있기에 일을 하며, 경제적인 문제도 해결하고, 또 행복도 추구하는 우리는 자유로운 행위를 통해 동등한 사람이 되기도 하고 또 전혀 다른 사람이 되기도 한다. 그런데 이는 각자의 고유성과 독자성을 인정할 때에만 가능하다. 다시 말해 우리에게 자유가 전제되어야 이 모든 것이 가능하다. 국적이나 인종, 성별의 차별이 없는, 즉 서로 다른 차이성을 근거로 하여 서로 다른 정체성을 인정할 때만이 우리 모두 자유로울 수 있다. 그렇기에 우리는 다수성과 타자성, 그리고 차이성에 근거하여 자유의 영역을 사적에서 공적 영역으로 확대해갈 필요가 있다. 아렌트가 공적 영역에서의 언론·정치의 조건에 대해 이야기하는 이유다.

아렌트는 이러한 공적 공간의 모델을 고대 그리스의 폴리스에서 찾는데, 고대 폴리스를 집이나 공공의 건물로 이루어진 물리적 공간이 아닌 행위에 따른 인간관계의 '그물코'인 '현상 공간'으로 본다. 고대의 폴리스는 노동에 의해 단지 생명을 유지하는 사회가 아닌 사유하는 자유로운 사회, 사람들이며, 우리도 이를 지지하는 사람, 사회가 되어야 한다고 역설한다. 우리 사회는 무엇을 권하는 사회인가. 단지 살기 위해 살라고 하거나 특정 목적을 위해 살라고 하는가, 아니면 의미 있는 삶을 살라고 하는가. 그렇지 않다면 그 이유는 뭔가. 그녀가 그리는 세상을 우리도 그릴 수 있을까.

V.

누구를
위한
자리인가

사물과 소유에 대하여

모든
순간의
철학

엄마의
이사

하이데거, 단순한 물건과 예술품의 차이

> "서로 일치하지 않는 삶으로 인하여
> 삶은 비극을 낳고 비극은 예술을 낳는다."
> ─마르틴 하이데거

눈이 유난히 많이 오던 해 엄마는 우리의 염려와 당부에도 불구하고 끝내 집 앞 계단에서 넘어지시고 말았다. 결국 엄마의 다리에는 철심이 들어갔다. 연세 때문인지 철심을 넣은 다리는 엄마를 많이 힘들게 했다. 아버지는 그런 엄마를 위해 계단이 없는 편리한 아파트로 이사를 계획하셨지만 엄마는 당신의 삶이 고스란히 배어 있는 집에서 여생을 보내고 싶어 하셨다. 그러나 안타깝게도 엄마의 바람은 이루어지지 않았다. 문병 온 친구분들을 배웅하다가 그만 또 넘어지시고 만 것이다. 이제는 엄마도 더 이상은 아버지의 말씀을 거부할 수 없게 되었다.

　문제는 이사가 아니라 짐이었다. 아버지는 이사를 계기로 가능한 모든 짐을 줄이고 꼭 필요한 물건만 챙길 것을 언명하셨다. 연세도 있고 엄마의 건강도 힘드니 간단하게 살다 가자는 말씀이셨다. 하지만 엄마는 이것들이 어떤 것인데 하시며 아버지가 내놓으신 짐을 주섬주섬 다시 챙기셨다. 아버지는 그런 엄마를 보며 자기 몸도 제대로 챙기기 힘든 사람이 그것을 뭐할 것이냐며 언성을 높이셨고, 엄마는 그럼 자신도 내버리라며 끝내 눈물을 보이시고 말았다. 엄마의 부상은 이사로 이어지고, 이사는 다시 짐 문제를 낳았으며, 짐 문제는 결국 두 분의 다툼이 되고 말았다. 두 분의 다툼을 가져온 이것들은 도대체 뭘까. 그저 버려야 하는 짐일까 아니면 소중히 간직해야 하는 물건일까.

　아버지가 화를 내며 자리를 뜨자 엄마는 그동안 참았던 울분을 쏟아내듯 물건 하나하나에 얽힌 이야기를 토해내셨다. "너희 아버지에게는 이것이 버릴 수 있는 물건인지 몰라도 내게는 분신과도 같다"라며 엄마는 그 세간 하나하나를 갖추기 위해서 지불해야 했던 시간과 노력, 그리고 그것들과 더불어 보낸 삶의 애환들을 쏟아내셨다. 시부모님이 어렵게 마련해주신 냄비와 수저에 담긴 이야기에서부터 친정어머니가 지어주신 이불에 얽힌 에피소드, 그리고 스스로의 힘으로 살림살이를 샀을 때의 기쁨, 우리 형제가 생길 때마다 배냇저고리를 만들며 드렸던 간절한 기도, 처음으로 장만한 집에서 잠 못 들던 설렘, 우리가 삐뚤빼뚤한 글씨로 쓴 카드를 받아보셨을 때의 감격에 이르기까지 엄마는 마치 일인 다역을 하는 연극배우처럼 때로는 안타까운 표정으로 때로는 감격스러운 얼굴로 그때의 일들을 모두 생생하게 되살리셨다.

실제로 엄마는 할머니 할아버지께서 주신 물건부터 우리 6남매를 낳고 기르며 마련했던 살림들까지 고이 간직하고 계셨다. 엄마는 그것들을 보시며 돌아가신 당신의 부모님을 추억하셨고, 우리를 낳고 키우며 감내해야 했던 힘든 시간을 기억하시며, 오늘 주어진 삶에 늘 감사하셨다. 엄마에게 이것들은 불필요한 짐이 아니라 당신이 살아온 흔적을 고스란히 담고 있는 이야기이며 오늘을 사는 힘의 원천이었다. 그것은 비워야 하는 물욕이나 끊어야 하는 집착이 아니라 성실함이 일구어낸 거룩한 역사이자 삶의 의미인 것이다. 그런 것들을 지금 당신 손으로 내쳐야 하는 현실이 엄마는 못 견디게 힘드신 듯했다. 이것들을 정리한다는 것은 곧 온 힘을 다해 살아온 당신의 삶이 마치 아무 의미가 없는 것으로 내버려지는 느낌이 드셔서일까. 엄마는 집을 떠나는 것이 아니라 마치 세상을 등지는 듯이 하셨다.

아버지의 마음도 실은 엄마와 다르지 않으리라. 아버지의 언성은 누구보다도 자신을 독려하기 위함임을 우리는 너무나 잘 알고 있었다. 아버지는 우리에게만 엄하신 것이 아니라 당신 자신에게도 참으로 엄격하셨다. 그런 아버지가 지금 자식들을 위하여 살아서 죽음을 횡단하시고자 마음과 달리 이별을 서두르시고 계시다는 것, 그래서 엄마와 다른 방식으로 이를 대하시는 것일 뿐임을 우리는 결코 모르지 않는다.

한데 누군가에게는 그토록 귀한 것이 왜 다른 사람에게는 단순히 오래된 물건이고 불편한 짐이며 사용할 수 없는 도구이자 의미 없는 사물에 지나지 않는 것일까. 같은 것이 누구에게는 단지 소유하는 물건이고, 또 누구에게는 편리하게 사용하는 도구이며, 또 누구에게는 무엇으로도 대치할 수 없는 의미이기도 한 것인가. 도대체 그 차이는 뭘까.

독일의 철학자 마르틴 하이데거(Martin Heidegger, 1889-1976)는 이에 대해 우리에게 유의미한 이야기를 건넨다. 그는 『예술 작품의 근원*Der Ursprung des Kunstwerkes*』(1950)에서 우리는 어떤 것을 그냥 단순한 '사물'로 대하기도 하고, 어떤 때는 그것의 특징이나 속성과 연결된 '사물성'으로 여기기도 하며, 또 어떤 때는 다른 무엇이 아닌 그것이 그것인 까닭인 '사물다움'으로 마주한다고 한다. 이때 '사물'은 말 그대로 어떤 개별적 물건의 유무를 가리킨다면, '사물성'은 그 물질이 가지는 성질이나 필요 내지는 목적에 따라 이렇게 저렇게 활용되는 도구적 측면을 뜻하고, '사물다움'은 그 무엇으로도 매개되지 않는, 오로지 그것이 그것일 수 있는 의미의 차원을 말한다.

이처럼 사물은 단순히 있음의 차원으로, 사물성은 도구성과 유용성의 문제로, 사물다움은 그것의 본래성으로 구분되지만 이는 결코 분리할 수 있는 것이 아닌 사물 안에 있는 다양한 측면이다. 이어서 하이데거는 사물다움을 진리의 문제와 연결하는데, 그에게 있어 진리는 사물과 분리되어 따로 있는 것이 아니라 사물 안에서 사물을 사물이게 하는 바로 그것이다. 하이데거는 사물이 단순한 있음이나 필요한 도구로서가 아니라 그것이 그것으로 있는 까닭을 온전히 드러내는 것을 진리의 열림이라 하며, 이러한 진리를 열어 보이는 사물을 단순한 물건과 구별하여 예술 작품이라고 부른다.

하이데거는 이렇듯 예술을 특정한 이의 표현이나 기술, 꾸밈, 또는 감정의 충일이 아닌 진리의 드러남과 연결한다. 지금 여기에서 그것이 그것으로 온전히 드러나 보이는 것을 진리의 열림, 즉 예술이라 하고, 이를 열어 보이는 사람을 예술가라 하며, 이를 드러내 보인 것을 예술 작품이라 하는 것이다. 이처럼 하이데거는 진리와의 관계 속에서 예술 작품을 논하며 이를 단순한 물건이나 필요나 욕구에 의해서 만들어진 상품과 구별한다. 그러나 이들은 따로 정해져 있는 것이 아니라 우리가 무엇을 어떻게 마주하는가에 따라 때론 물건이기도 하고, 상품이기도 하며, 예술 작품이기도 하다. 그렇기에 어느 누구에게는 그저 단순한 물건이 다른 사람에게는 쓸모 있는 상품이 되기도 하며, 또 다른 사람에게는 무엇으로도 대치될 수 없는 예술 작품이 되기도 하는 것이다. 다시 말해 모든 것은 욕망의 대상이 되기도 하고, 때론 목적과 수단을 충족시켜주는 도구가 되기도 하며, 때로는 그 무엇으로도 대신할 수 없는 오직 그것만의 절대적 존재성을 열어 보이는 의미 있는 예술 작품이 되기도 한다.

그런 의미에서 엄마와 아버지는 물건들을 단순히 소유하기 위한 사물이나 집안을 꾸미기 위한 장식, 또는 투자를 위한 상품이나 편리성과 효율성을 높이기 위한 도구로서가 아니라 당신들의 삶을 온전히 담고 있는 예술 작품으로 마주해오신 것이리라. 자식보다 더 많은 시간을 함께해온 이것들과 더불어 두 분은 인내하며 가꾸어오신 삶에 대한 감사와 기쁨을 간직하고 계셨던 것이다. 그러기에 이를 정리한다는 것은 결코 쉬운 일이 아니셨으리라.

그럼에도 우리는 이것들을 용도가 지난 오래된 물건으로, 유행이 지나 정리해야 하는 대상으로, 그래서 사용이 불가한 도구 내지는 불필요한 물건으로 치부하며 너무 빨리 떠나보내지는 않는가. 그것이 있기까지 수고한 손길과 더불어 그것이 열어 보이는 진리를 마주하기보다는 단순한 소모품이나 기호품, 혹은 도구로만 여기며 쉽게 잊어버리고 잃어버리지는 않는지. 넘쳐나는 상품들에 둘러싸여 미처 무엇을 생각할 여유조차 없이 그저 편리함만은 쫓는 우리는 모든 것을 일회용화해버리며 아무렇지도 않게 그것들을 소비하며 허비한다. 그것도 필요에 따른 소비가 아닌 이미지를 쫓는 기호 소비를 하면서 말이다.

그런데 우리가 소비하고 버리는 것이 과연 물건만일까. 혹 물건과 더불어 오랜 시간 일구어온 삶의 지혜도 함께 버리는 것은 아닐까. 지식은 추구하나 지혜는 버리고, 사물을 얻기 위해 '다움'을 포기한다면 우리에게 남는 것은 무엇일까. 누구에게나 언젠가는 모든 것을 정리해야 하는 시간이 오기 마련이지만 우리는 짐을 정리한다며 버려서는 안 될 것, 우리를 우리이게 하는 바로 그것, 내가 나 됨인 바로 그 나다움, 우리 모두의 고향까지도 버리는 것은 아닌지. 우리가 버리는 것은 어쩌면 짐이 아니라 우리 자신인지도 모르겠다.

누구를 위한
자리인가

로크와 마르크스의 공간 이해

"그대들은 저 푸른 하늘과 이 땅의 온기를 사고팔 수 있다고
생각하는가. 신선한 공기와 반짝이는 물을 우리가 소유하고 있지도
않은데 어떻게 우리가 그것들을 그대들에게 팔 수가 있단 말인가."
— 시애틀 추장의 편지에서

피곤을 달래기 위해서 간 목욕탕, 기대와 달리 갑자기 요란한 소리
가 들린다. 적지 않은 사람이 있었지만, 그렇다고 혼잡스럽지도 않
던 목욕탕은 금방 고성으로 채워졌다. 고개를 돌려 소리가 나는 쪽
을 보니 두 여성이 얼굴을 붉히며 말다툼을 벌이고 있다. 옷도 걸치
지 않은 상태에서 점점 더 높아지는 음성이 민망하여 서둘러 얼굴을
돌리기는 했지만 조용하기를 바라는 마음과 달리 귀는 저절로 그들
에게로 향한다.

내용인즉 A라는 여성이 B라는 여성에게 그 자리는 자기 자리니
비키라 하고, B는 이곳은 공중목욕탕이니 누구나 쓸 권리가 있다며
받아친다. A는 왜 하필이면 자기 자리냐며 다른 곳에 가서 하라 하
고, B는 그것은 자기 마음이라며 조금도 비킬 의사가 없다고 한다.

A는 자신의 물건이 보이지 않느냐며 자신이 먼저 이 자리를 점한 사실을 강조하지만, B는 오히려 공용 장소에서 자리를 뜰 때는 물건을 한쪽에 치워놓는 것이 예의가 아니냐며 전혀 요동하지 않는다. A는 자신의 물건을 한쪽에다 밀어놓고 그 자리에 앉아 씻는 B가 기분 나쁜지 낯이 익은 사람들에게 B가 무례하고 못된 여자라며 동조를 구하고, B는 이에 격분하여 공과 사를 구별 못 하는 무지한 여성으로 A를 비하한다. 옷을 입은 상황이었다면 차림이나 치장된 요소들로 이미 한쪽이 다른 한쪽을 쉽게 제압하거나 한쪽이 싸움을 포기했을지도 모르지만, 아무것도 걸치지 않은 상황이었기에 대등(?)할 수 있었던 것일까. 두 사람의 양보 없는 다툼은 쉽게 끝날 것 같지가 않다.

과연 누구의 말이 옳은 것일까. 이는 언뜻 보면 교양이 없는, 성격 까칠한 두 여성의 사소한 말다툼이라 생각하기 쉽지만, 실은 공간에 대한 서로 다른 이해에서 비롯된 철학적인 문제이기도 하다. 다시 말해 이 다툼은 두 사람이 무례하거나 무지해서라기보다는 A는 공간을 시간과 더불어 '소유'적인 측면에서 이해하는 데 비해, B는 '공유'적인 측면에서 활용의 차원으로 접근하기에 생겨난 문제이다. 즉, '소유'와 '사용'이라는, 공간에 대한 서로 다른 이해가 목욕탕이라는 특수한 장소에서 상충한 것, 그것이 지금 두 사람이 맞닥뜨린 사건이다.

우리에게 공간은 어떤 의미이기에 두 사람이 서로 다른 이해를 하며 목욕탕에서 다툼을 벌이는 것일까. 공간이란 넓은 의미에서 우주라는 세계 전체, 즉 자연환경을 의미하기도 하지만 일반적으로 무엇이 있기 위해 전제된 자리를 뜻한다. 없지 않고 있다는 것은 물질을 입고 구체적인 모습으로 있는 것이기에, 있기 위해서는 일정한 시간 과 공간을 필요로 하기 마련이다. 그래서 사람들은 공간을 유지하고 확장하기 위한 다양한 시도들을 한다. 어쩌면 지금 목욕탕의 두 여 자도 그렇고, 자신만의 공간을 원하는 아이들, 자기 집을 갖기 위해 한평생 헌신하는 사람들은 물론 잃어버린 직장을 되찾기 위해 시위 하는 노동자들도, 선거구민들의 표를 얻기 위해 온갖 공약을 쏟아내 는 국회의원들도, 모두 다 자신을 위한 공간을 확보하려는 사람들이 라 할 수 있다. 그뿐 아니라 직장과 결혼을 위해 국경을 넘는 사람들, 물고기를 따라 서해의 배타적 경제 수역 경계를 넘어오는 중국 어선 들, 서로 다른 구획선을 주장하는 남과 북, 독도를 놓고 벌이는 한국 과 일본의 신경전, 그리고 팔레스타인, 티베트, 쿠르드족, 체첸 등이 겪고 있는 독립과 침략의 분쟁도 알고 보면 다 공간의 확보와 유지 및 확대의 문제와 관련되어 있다.

이처럼 일상의 소소한 다툼에서부터 크고 작은 전쟁과 분쟁, 갈등 은 물론 공산혁명, 중동 사태, 1, 2차 세계대전에 이르기까지 모든 것 이 다 공간의 문제와 무관하지 않다. 산다는 것은 어쩌면 일정한 공 간을 확보하기 위한 일련의 투쟁일 수도 있다. 조금 더 빨리, 조금 더 많이, 조금 더 좋은 공간을 확보하기 위한 투쟁은 지식 축적과 기술 향상, 그리고 인류의 발전을 가져오기도 한다. 그러나 제한된 공간에 인구가 점점 더 많아지고, 이들이 더 좋은 것을 염원하고 더 많이 소 유하기를 원하면서 초래되는 불균형으로 인하여 더욱더 강력한 투쟁과 경쟁이 발생하며 갈등과 다툼, 분쟁과 전쟁을 유발하기도 한다.

그런데 언제부터인가 자연과 동일시되던 공간을 인간이 소유할 수 있는 것으로 여기면서 심화된 공동체와 개인, 개인과 개인 사이의 공간을 점유하기 위한 힘겨루기는 다양한 사회정치 제도를 낳기도 한다. 특히 개인의 사적 소유를 인정하는 민주주의라는 이름의 자본주의와, 국가와 공동체의 소유를 주장하는 공산주의와 사회주의 역시도 서로 상이한 주장을 펴지만 공간을 소유라는 측면에서 접근한다는 점에서는 다르지 않다.

중세의 신분 사회를 타파하고 자유와 평등을 기초로 새로운 사회를 건설코자 한 존 로크(John Locke, 1632-1704)는 무엇보다 개인의 사유 재산이 보장되어야 한다며, 왕 또는 국가가 가지고 있던 것들을 개인의 소유로 돌리며 민주주의와 자본주의의 토대를 공고히 해나간다. 그러나 민주주의와 결합한 자본주의의 한계를 지적하며 등장한 카를 마르크스(Karl Heinrich Marx, 1818-1883)는 평등한 사회를 실현하기 위해서는 경제적 정의가 이루어져야 한다며 국가에 의한 생산과 분배에 기초한 공산주의를 주창한다. 서로 다른 주장을 내세우며 극한 대립으로까지 치달았던 이 두 세계는 그러나 공간을 개인이냐 국가냐 하는 것만 다르지 공간을 소유 차원에서 본다는 면에서는 같다.

그러나 이제 제한된 공간 안에서 점차 증대되는 요구를 해소할 수 없음을 깨달은 사람들은 소유가 아닌 활용적인 측면에서 공간을 이해할 필요성을 제기한다. 그러지 않을 경우 우리에게 미래란 약속될 수 없다고 하며, 어느 사회를 막론하고 소유가 아닌 활용적인 측면에서 공간을 새롭게 이해하고자 한다.

그러나 문제는 그렇게 간단치가 않다. 본래 모두의 것이기는 했지만 자신의 소유로 여겨졌던 것들을 다른 사람들과 공유한다는 것은 결코 쉬운 일이 아니다. 목욕탕에서 벌어진 두 여성의 다툼은 바로 이러한 공간에 대한 이해의 상충이 빚어낸 오늘 우리의 단면이 아닐까. 그런 면에서 이들의 모습은 바로 우리의 자화상이기도 하다. 먼저 사용했다고, 이전에 그렇게 했다고, 자신의 소유와 권리를 주장하는 사람들이 목욕탕에만 있는 것은 아니다. 한번 국회의원에 당선되었다고 평생 국회의원으로 자처하는 사람과 같이 전관예우를 요구하는 사람은 우리 사회 도처에 널려 있다. 자식을 자신의 소유물로 여기고, 회사 직원을 자기 부하로 여기며, 사랑조차도 소유하는 것으로 여기는 연인들 또한 이와 다르지 않다. 한번 잘못했다고 영원히 잘못된 사람으로 정죄하는 것 또한 넓게 보면 이와 같은 논리의 연장선상에 있다 하겠다.

생각해보면 이로부터 자유로운 사람은 아무도 없다. 현재 누리는 조그마한 것도 포기하지 않으려 하는 우리 역시 적극적으로는 아니라 해도 은근히 이를 용인하며 있지 않은가. 우리는 B에게 자신의 권리를 포기하지 않는 용기 있는 사람이라고 하기보다 괜히 소란을 피운 사람, 괴팍하고 까다로운 사람이라 생각하지는 않나. 변화는 그런 수고 없이 이룰 수 없다는 것을 잘 알면서도 우리는 다른 사람의 이목이 두려워 피하기도 하고, 벌어질 상황을 감당하기 힘들 것이라고 전제하기도 한다. 우리에게 필요한 덕목은 인내일까 용기일까. 그 옛날 그들이 살던 땅을 팔고 떠나라는 미국 대통령의 말에 자신들이 갖지도 않은 것을 어떻게 팔라고 하는가라고 되물으며 오히려 그 땅을 사랑하고 아낄 것을 당부하며 떠나갔던 시애틀 추장의 편지가 지금 우리에게 진한 감동으로 와 닿는 것은 왜일까. 그들이 우리에게 묻듯이 이 공간, 이 자연, 이 바람, 이 빛을 우리가 어떻게 소유할 수 있는가. 정말 우리는 이것들을 소유할 것인가, 향유할 것인가, 그것이 문제가 아닐 수 없다.

이 집의 주인은
누구인가

헤겔, 주인과 노예의 변증법

"주인은 노예의 몸과 마음을 통제하고 있다고 믿지만
노예는 주인의 모든 것을 꿰뚫어 보고 있다."
– 프리드리히 헤겔

고교 동창 중에 가장 잘나간다고 자타가 공인하는 친구로부터 전화
가 왔다. 늘 바빠 만나기도 힘든 친구가 어쩐 일로 먼저 보자 한다.
맛있는 식사나 하자는 말에 이끌려 약속 장소로 나가니 친구가 먼저
나와 있다. 자리에 앉기도 전에 친구는 대뜸 지금 하고 있는 모든 일
들을 그만두고 싶다며 내게 어떻게 생각하느냐고 묻는다. 아이를 낳
고 키울 때도 그런 말을 하지 않을 만큼 자신이 하는 일에 열정과 소
신을 가지고 있던 친구이기에 난 놀라지 않을 수 없었다. 순간 스치
는 생각들, 자금이나 사람으로 인하여 어려움이 큰가 보다 하며 어
떤 위로를 건네야 하나 내심 고심하며 자리에 앉는데 친구는 전혀
뜻밖의 이야기를 꺼낸다.

친구는 며칠 전 이른 아침 서둘러 집을 나서다가 중요한 서류를 놓

고 나와 다시 집으로 돌아갔다고 한다. 그런데 그때 목격한 장면이 하루 종일 머리에서 떠나지 않는다는 것이다. 친구의 이야기인즉 현관문을 열고 들어가니 집안일을 도와주시는 분이 밝은 빛 아래 소파에 비스듬히 앉아 음악을 들으며 커피를 마시고 있더라는 것이다. 그 순간 친구는 갑자기 이 집의 주인이 누구인가 하는 생각이 번쩍 들었다 한다. 자신은 아침부터 늦은 시간까지 밖에서 지내다 잠만 자러 들어오는 데 반하여 실제로 그 집에서 대부분의 시간을 보내며 생활하는 이는 다름 아닌 그분이 아닌가 하는 생각이 들었다는 것이다.

주인인 자신은 이 집을 사느라 빌린 대출금과 그 이자, 세금과 그분에게 드릴 돈을 벌기 위해 이른 아침부터 늦게까지 동분서주하는 데 비해 그분은 오히려 돈을 받으며 자신의 집에서 자신이 원하는 바로 그 삶을 누리고 있더라는 것이다. 위치, 방향, 빛, 바람, 전망 등 환경과 교육에서부터 인테리어에 이르기까지 정말 많이 신경 쓰면서 찾고 고른 집이었는데 정작 친구는 이를 누릴 시간이 없었다. 그녀는 집을 위해 지불해야 하는 비용을 벌기 위해 하루 종일 바삐 움직일 뿐, 그 시간에 밝은 빛 아래 여유롭게 음악을 들으며 우아하게 차 한 잔을 마셔본 적이 없다 한다. 그뿐 아니라 그 집 장만을 위해 그동안 부모 형제는 물론 우리 친구들과도 제대로 시간을 보내지 못하고 일에만 매진한 자신이 과연 잘살고 있는 것인지 모르겠다며 철학 선생인 내가 생각나 전화를 했노라 고백한다. 한편으로는 걱정할 일이 아니어서 다행이다 싶기도 하지만 결코 무심히 넘길 일도 아니었다.

친구의 말대로 이 집의 주인은 과연 누구인가. 서류상, 법률상, 등기부상의 주인이 주인일까 아니면 실제로 이 집에서 대부분의 시간을 보내는 사람이 주인일까. 우리는 무엇에 근거하여 주인과 주인 아님을 논하나. 우리가 무엇을 판단할 때의 기준은 무엇인가. 법이나 서류 외에 다른 판단의 기준이 있다면 그것은 무엇인가. 자신은 서류상 주인일 뿐 실제 주인은 그 집에서 사는 사람일지도 모른다는 친구의 말처럼 조금만 생각을 달리하면 우리는 전혀 다른 상황을 맞게 된다. 그렇다면 그동안 우리가 문제시하던 것들도 기존의 생각과 달리 바라보면 전혀 다른 판단을 하게 될까.

독일의 철학자 프리드리히 헤겔은 이에 관한 중요한 실마리를 제공한다. 그는 '주인과 노예의 변증법'을 통해 통념상 주인은 자유롭고 노예는 부자유하다고 여기지만 생각하기에 따라서는 그 반대일 수도 있다고 말한다. 그가 볼 때 주인은 노예의 몸과 마음을 통제하고 있다고 믿지만, 노예가 주인의 모든 것을 꿰뚫어 보고 행한다는 면에서는 오히려 노예가 주인을 제한하는 것일 수도 있다는 것이다. 주인은 노예에 대해 아무것도 모르지만 노예는 주인이 원하는 것이 무엇인지를 그 내면적인 부분까지도 다 알고 분별하며 판단하여 행하기 때문이다. 주인은 노예가 판단하고 선별한 것을 단순히 취하는데 비하여 노예는 실제로 주인이 무엇을 원하는지 생각하여 제공한다. 누가 더 이성적이고 주체적이고 전체적인 삶을 살아가는가 하는 관점에서 보면, 실제로 논밭에서 심고 가꾸고 거두어들이면서 세상의 온갖 것들을 경험하는 노예가 주인보다 훨씬 더 전체적이고 이성적이며 주체적인 삶을 살아간다고 볼 수도 있다는 말이다.

어쩌면 세상 모든 일이 다 그렇지 않을까. 소위 성공했다고 여겨지는 사람들보다 어쩌면 우리가 더 평안하고 행복한 삶을 누리고 있을지도 모른다. 그들이 세상의 온갖 일에 신경 쓰고, 밤에도 잠들지 못하고, 휴일도 반납할 때 우리는 적어도 일상의 평범함을 누리고 있지 않은가. 우리가 당연시하는 것들도 생각하기에 따라서는 전혀 다르게 다가올 수 있다.

중요한 것은 무엇을 가졌느냐가 아니라 어떻게 생각하는가다. 데카르트가 말한 '나는 생각한다, 고로 존재한다'는 어쩌면 '나는 이렇게도 저렇게도 생각한다. 고로 나는 이렇게도 저렇게도 늘 달리 존재할 수 있다'가 되어야 하는 것 아닐는지. 기존의 가치로 부족하고 모자라고 결핍되고 모순되고 잘못이라 여기며 배제하고 소외시키고 차별하던 것들도 달리 생각하면 그것이 오히려 나의 삶에 능동적인 힘으로 작용하는 다른 경험, 자원, 차원일지도 모른다. 반면교사처럼 긍정만이 아니라 부정도 같이 변증법적 운동으로 사유하면서 나의 삶에 능동성으로 삼아간다면 말이다.

그럼에도 우리는 고정관념과 관습에 갇혀 정작 내게 너무도 소중한 것들을 방기하고 잃어버릴 때가 많다. 잘살기 위해 잘못 살며, 행복하기 위해 불행해지고 있지는 않은지. 현실이 따로 있는 것이 아니라 내가 만들어가는 것이 현실이라면 나는 지금 무엇을 어떻게 해야 할까. 도대체 지금 나는 무엇을 위해 무엇을 하며 있는 것일까. 아무도 모르는 자신만의 기쁨을 길어 올리며 자기 삶에 당당한 주인으로 살고 있나, 아니면 기존의 시선에 자신을 가두고 그럴듯하게 연기하거나 아니면 그조차도 인식하지 못한 채 내몰린 삶을 살아가고 있진 않나. 춘향이와 향단이 중에서 누가 더 바람직한 삶, 자유로운 삶을 살아가고 있는 것일까.

사람이 꽃보다
아름다울까?

마르크스, 사람을 소외시키는 돈

"관념이 사물을 낳는 것이 아니라 사물이 관념을 낳는다."
－카를 마르크스

어느 가수는 "사람이 꽃보다 아름답다"고 외친다. 정말 그런가. 아니면 현실은 그와 정반대이기에 꽃보다 사람이 더 아름답다고 역설적으로 외치는 것인가. 그래야 살 수 있기에 말이다. 목이 터져라 외쳐대는 그 가수의 진심은 뭘까. 진정 사람이 꽃보다 아름답다고 느껴서인가, 아니면 그러기를 바란다는 것인가. 사람을 사람으로 대하지 아니하고 어떤 일을 수행하는 효율성이나 능력만 따지며 사람을 수단 내지는 방법으로 대하는 것에 대한 항변인가.

그러나 사실 대부분의 우리는 '꽃보다 사람'이 아니라 '꽃보다 돈'이라고 생각한다. 세상에서 가장 중요하고 필요한 것이 돈이라 하면서. 그것은 아마도 살아가면서 돈의 역할이 얼마나 지대한지 너무나 잘 알기 때문일 것이다. 돈이 곧 길이요 진리요 생명이 되어버린 현대 자본주의 사회에서 우리는 꽃보다 돈을 더 중시할 수밖에 없기도 하다. 모든 것이 돈으로 통하고 돈으로 이어지며 돈으로 만나기에 그렇다. 무엇을 하든 어디를 가든 돈 없이는 관계도 만남도 행함도 하기 어려운 사회에서는 돈이 있어야 할 수 있고 갈 수 있고 볼 수도 있는 것이 사실이다. 심지어 부모 자식 간에도 그렇다. 돈의 크기에 따라 효자도 좋은 부모도 되는 세상, 그래서 사람들은 돈을 벌기 위해 조금도 주저 없이 모든 걸 걸곤 한다.

거리는 온통 돈을 벌고 쓰기 위한 상점으로 이어져 있고, 세상은 우리의 주머니에서 합법적으로 돈을 빼가기 위해 온갖 방법을 다 동원한다. 자연이 아닌 상품에 둘러싸여 살아가는 우리는 오직 이를 소비하기 위한 돈을 욕망할 뿐이다. 돈을 벌기 위해 일하고 돈을 갖기 위해 다툰다. 돈의 크기로 존재성도 능력도 평가하고 또 평가받는 세상, 돈을 벌고 쓰는 것은 나지만 나는 돈에 의해 평가받고 부려진다. 돈 때문에 웃고, 돈 때문에 울며, 돈을 벌기 위해 살고, 돈 때문에 죽기도 한다. 어떻게 보면 한낱 종잇장에 불과한 돈이 이처럼 무소불위의 힘을 발휘하는 까닭은 뭘까. 돈이란 도대체 무엇이기에 우리는 돈에 그렇게 연연하고 돈을 쫓는 것일까.

마르크스는 돈이 무엇인지, 그것이 어떻게 사람들을 소외시키며 모든 것의 중심에 자리하게 되었는지 대표 저서인 『자본론 *Das Kapital*』에서 자세히 기술한다. 사람들은 필요에 의해 물건을 생산하고, 물물을 교환하면서 점차 시장을 확대 형성해왔다. 이때 교환을 위한 보다 편리한 수단으로 화폐가 등장한다. 초기 실물 위주였던 화폐는 점차 사용하기 편리한 것으로 대치되며 모든 것을 수치화하고 물량화해가며 거래의 중심에 자리한다. 이제 사회는 사람이 아닌 화폐에 의해 움직이며 화폐가 곧 힘이 된다. 시간과 공간의 제약을 벗어나 축적이 가능해진 화폐는 점차 거대한 자본이 되어 자본의 크기에 따라 모든 것을 재편해가는, 이른바 자본주의 시대가 열리는 것이다.

모든 것을 자본의 논리에 따라 판단하는 자본주의 사회에서는 더 이상 필요나 교환이 아닌 기호에 의한 소비를 한다. 자본주의는 사람들에게 기호 소비를 독려하며 더 많은 자본, 즉 이익을 산출하고자 모든 수단과 방법을 강구한다. 자연만이 아니라 사람까지도 상품화하며 자원과 동력과 시장을 확대 재생산해가는 자본주의는 사람을 사람으로가 아닌 특정한 산물을 생산하기 위해 노동을 제공하는 노동자, 그리고 이를 성실하게 소비해야 하는 소비자가 될 것을 강요한다. 노동생산성을 위한 용도성과 효율성에 따라 언제든 대치 가능한 존재가 된 사람들은 자신의 상품성을 높이기 위해 모든 일에 전력하게 된다.

그리고 삶을 돌아볼 여유는커녕 오로지 노동에서 소외당하지 않기 위해 자발적 헌신을 강요당하는 노동자는 자연으로부터 소외될 뿐 아니라 무한 경쟁 속에서 사람이 사람을 소외시킴으로써 결국 자기 자신까지도 소외해간다. 모든 것을 상품화하는 자본주의 사회에서 사람이 아닌 노동자로 살아가야 하는 사람에게 노동으로부터의 소외는 곧 모든 것의 소외를 의미한다. 때문에 사람들은 소외당하지 않기 위해 서로를 소외시키는 무한 투쟁을 할 수밖에 없다. 자본주의하에서 노동의 소외는 곧 자본의 소외로 이어지고, 자본의 소외는 능력의 부재로 읽히며, 다른 사람들과의 관계를 어렵게 하는 관계의 소외를 가져오고, 관계의 소외는 결국 이 세상에 존재하나 마치 없는 사람처럼 살아가는 투명인간과 같은 존재의 소외를 낳기 때문이다. 그러므로 자본주의 사회에서는 소외되지 않으려는 자와 소외시키려는 자 사이에 극렬한 대립이 일어날 수밖에 없다. 이러한 양극단의 첨예한 대립이라는 자본주의의 내적 모순은 결국 국가에 의한 생산과 분배를 통제하는 공산 사회로밖에 극복될 수 없기에 모든 국가는 공산 사회로 나아가기 마련이라는 것이 마르크스의 주장이다.

마르크스는 이처럼 사람들의 삶과 생각을 지배하는 것은 추상적인 관념이 아니라 아주 구체적이고 현실적인 문제, 즉 경제적인 문제라고 본다. 마르크스는 자본주의든 공산주의든 우리의 삶을 지배하는 것은 구체적 사물이라며, 사물의 불평등, 즉 소유의 불평등과 자본의 불평등은 곧 사람의 불평등을 가져오므로 사물의 평등을 통해 사람이 평등한 세상을 구현해야 한다고 주장한다. 이 세상에서 몸을 가지고 살아가는 사람들에게는 무엇보다도 물질이 중요하므로, 이를 어떻게 생산하고 분배하고 나누는가가 관건이고, 모든 것은 이에 준하여 생각도 세계도 바뀌어가기 마련이라 한다. 마르크스의 이러한 지적은 사실 여부, 그리고 옳고 그름을 떠나서 전 세계인에게 지대한 영향을 미쳤다. 그만큼 많은 사람들에게 공감을 불러일으킨 사람이 있는가 싶을 정도로 그의 사상은 인종과 국가, 지역은 물론 시간마저 초월하여 영향을 끼쳤다. 그것은 아마도 마르크스가 알 수 없는 추상적 관념이 아니라 우리의 구체적인 현실에 근거하여 사유했기 때문일 것이다.

그의 말처럼 우리는 경제지표에 따라 잘살고 못살고를 이야기하고, 삶의 목적과 목표도 이에 준하여 설정하는 등 실제로 경제라는 사물적 관점에 준하여 모든 것을 평가하고 재단하곤 한다. 그뿐 아니라 같은 사람이라도 자산이나 치장한 행색에 따라 다르게 대하는 것도 사실이고, 그 때문에 너 나 할 것 없이 모두가 돈을 벌기 위한 지식, 직장, 지위, 수단, 방법에 열을 올리는 것도 현실이다. 그러나 물질은 풍요로워도 삶은 더 팍팍하고, 사람은 많은데 외로움은 더 깊고, 문명은 발달해도 삶의 의미는 희미해지는 일이 많아지는 까닭은 뭘까. 마르크스의 주장대로 물질에 이끌려 꽃보다 돈을 위해 살면 살수록 우리 삶은 왜 더 허허로워지는 것일까. 그래도 꽃보다 돈인가 아니면 꽃보다 다른 그 무엇, 사람이어야 하는 것인가.

우리도 희망을
쏘아 올릴 수 있을까

그람시, 노동자 계급의 헤게모니

> "세상의 주인이 되고자 한다면 자본가 계급보다
> 훨씬 뛰어난 지적, 도덕적 능력을 가져야 한다."
> – 안토니오 그람시

개천에서 용이 난다는 말은 이제 더 이상 유효하지 않다. 대신 할아버지의 재력과 할머니의 건강, 아버지의 무관심, 엄마의 정보력이 필요하다는 웃지 못할 이야기가 회자될 뿐이다. 이는 개인의 의지나 노력보다는 주어진 환경이 우리 삶에 더 영향을 미친다는 이야기일 것이다. 그렇다면 우리는 주어진 것 이상으로는 그 어떤 희망과 소망도 품을 수 없다는 말인가.

　하지만 다행스럽게도 세상은 가진 사람들에 의해서만 움직이지는 않는다. 오히려 지금 편히 살고 있는 사람보다는 오히려 지금 너무도 힘이 들어서 도저히 이대로는 살 수가 없어서 변화를 간절히 원하는 사람들에 의해 만들어지는 측면이 더 크다. 세상은 편히 사는 사람들이 아닌 수고와 애씀과 고통을 마다하지 않은 사람들에 의해서 이루어진다는 것을 일일이 나열하지 않아도 우리는 너무나 잘 알고 있다. 현실에서 편하게 사는 사람은 현실에서 편히 살다 죽지만, 현실에서 애쓰며 힘들게 산 사람들은 역사 안에서 죽지 않고 지금도 여전히 우리와 만나고 있다. 예수와 석가는 물론 마르크스도 그렇고 오늘 우리가 만나고자 하는 안토니오 그람시(Antonio Gramsci, 1891-1937)도 그렇다.

등기소 직원으로 일했던 아버지와 글을 읽고 쓸 줄 아는 교양 있는 어머니 사이에서 태어난 그람시는 1897년 아버지의 갑작스러운 해고와 구속, 수감으로 이어진 불행으로 인하여 어린 시절을 지독한 가난 속에서 보내야 했다. 설상가상으로 척추까지 다쳐 장애인이 되고 만 그는 그야말로 극심한 고통과 통증으로 인한 신경성 질환에 평생 시달려야 했다. 그러나 그람시는 이러한 상황에 결코 굴하지 않았다. 그런 상황에서도, 아니 그런 상황이기에 남달리 생각을 많이 하게 된 그람시는 자신은 물론 자신을 위해 헌신한 어머니와 자신과 같은 가난한 사람들이 보다 나은 삶을 사는 세상을 꿈꾼다. 이를 위해 더욱 공부에 매진하면서 이를 실현하기 위해서는 사회가 변화되어야 함을 깨닫고, 이탈리아 공산당을 창건하여 당수가 된다. 그러나 공산당 운동으로 인하여 감옥에 갇히고, 그곳에서 46세라는 젊은 나이에 생을 마감한다.

이런 그람시를 보고 사람들은 불행한 삶이라 할지도 모른다. 경제적으로나 신체적으로, 그리고 가정의 면에서 보아도 모든 것이 부족했을 뿐 아니라 결국 감옥에서 짧은 생을 마친 그를 행복하게 산 사람이라 하기는 어려울 수 있다. 그러나 현실에서는 비록 힘든 삶을 살았을지라도 그는 역사 속에서 살아남아 지금 우리에게도 여전히 그의 꿈과 희망에 대해 많은 이야기를 건넨다. 그러한 면에서 보면 그는 결코 실패한 사람이 아니다. 누가 감히 그가 잘못 살았다고 할 것인가. 누가 그 앞에서 힘들다고 좌절하며 희망이 없다고 이야기할 수 있을까. 잘 먹고 잘 쓰고 잘 살다 간 사람은 지금 그저 무덤에 누워 있지만, 그는 죽지 않고 살아서 우리와 대화를 나누고 있지 않은가.

그가 남긴 『옥중수고 *Quaderni del carcere*』는 삶이 너무 고달프고 힘들어 그만 놓고 싶을 때 우리에게 넌지시 말을 건넨다. 그가 무슨 꿈을 꾸며 살았는가를…… . 그람시는 자신처럼 가난하고 소외되고 아픈 사람들도 다른 사람들과 같이 다 잘 살기 위해서는 사회 변혁이 필요함을 느꼈고, 사회 변혁은 프롤레타리아 계급 동맹에 의해서 이루어야 하는바, 이탈리아의 사회 변혁은 북부의 노동자 계급과 남부의 빈농 사이에 굳건한 연대를 형성하는 데 달려 있다고 생각했다. 북부의 노동자 계급이 자신들보다 더 어려운 처지에 있는 빈농들에게 먼저 다가갈 때 비로소 모두를 위한 모두의 사회인 공산 사회가 실현될 수 있다고 여긴 그람시는, 권력은 소수의 지식인이 아닌 대중으로부터 나오는 것이라 외친다. 그에게 권력은 대중의 동의하에서만 존립할 수 있는 것이었기에, 일부 지식인들에 의한 일방적인 강요나 억압, 폭력이 아닌 대중의 자발적 동의에 의한 권력을 중요하게 생각한다.

이때 필요한 것이 바로 '지적, 도덕적 능력'으로, 세상을 변화시키고자 하면 프롤레타리아도 자본가 계급보다 훨씬 뛰어난 지적, 도덕적 능력을 갖추도록 노력해야 한다는 것이다. 그럴 때에만 노동자는 자신의 경제적 이해만이 아닌 모든 억압받는 사람들을 위할 수 있다. 그러므로 노동자 계급이 새 세상의 주인이 되고자 한다면 자신의 헤게모니를 구축해야 하며, 이 헤게모니는 다른 것에서가 아니라 바로 지적, 도덕적 능력에서 나와야 한다고 그람시는 주장한다.

그람시는 혁명을 단번에 급작하게가 아니라 매우 느리고 완만하고 끈끈하게, 기동전이 아닌 진지전으로 이뤄야 한다고 말한다. 혁명은 목적이 아닌 '과정'으로, 특정한 혁명의 목적을 상정하는 것이 아니라 혁명의 과정 그 자체가 혁명의 목적이라 한다. 다시 말해 그람시는 마르크스처럼 특정한 미래 사회의 모습을 염두에 두는 것이 아니라 오늘의 문제를 꾸준히 해결해나가는 것, 그 자체를 혁명으로 여긴다. 그는 무엇보다 다양한 투쟁 전선을 가로질러 지속적으로 수행하는 시민사회의 변형이 중요하며, 이는 언제나 대중적인 기반 위에 건설되어야 한다고 한다.

그람시의 이러한 주장은 우리가 알고 있는 공산주의나 사회주의, 또 우리가 지지하는 민주주의와 어떻게 같고 다른가? 우리는 이들에 대해 잘 알지도 못하면서 막연하게 심리적으로 지지하고 거부하는 일이 많다. 지구 상에 유일하게 남아 있는 분단국으로서 아직도 색깔론에 휩싸여 눈과 귀와 입을 닫고 살아야 잘 살 수 있다는 학습효과가 지금도 우리를 지배하고 있지는 않나. 데리다는 아직도 마르크스의 유령은 사라진 것이 아니라 굶주린 채 거리를 헤매고 있다고 하는데도 말이다.

그럼에도 오늘 우리가 이만큼 살아가는 까닭은 누가 뭐래도 희망을 끈을 놓지 않았던 이 땅의 난쟁이들 덕분이다. 그들은 높이는 아니더라도 참으로 성실하게 희망을 쏘아 올렸다. 비록 그람시와 생각은 다르고 방법은 달리했어도 이 땅의 난쟁이들도 자신들의 꿈을 위해 정말 열심히 공을 쏘아 올렸다.

그런데 더 이상 희망이 없다면, 그래서 이제는 꿈을 꾸지 않는다면 어떻게 저 망망한 대해를 건너며 저 거친 사막을 횡단할 것인가. 바다에는 등대가 사막에는 오아시스가 필요하듯이 오늘 나의 불안하고 혼란스러운 삶에, 그래서 더 이상 꿈도 희망도 접은 내게 그람시가 꿈꾸고 인내한 일들이 더해진다면, 그래서 그의 이야기가 나의 목마름과 갈급함을 적셔주고 빛이 되어준다면 나도 용기 내어 내 앞에 놓인 그 길을 걸어갈 수 있지 않을까.

변화하는 것인가
변하는 것처럼 보이는 것인가

헤라클레이토스와 파르미데스, 변화와 불변의 사투

"우리는 같은 물에 두 번 다시 발을 담글 수 없다."

– 헤라클레이토스

사람들은 수없이 묻는다. 사람이 변화할 수 있을까요. 우리 아이가 정말 변할까요. 교육이 변화시킬 수 있을까요. 우리가 희망해도 될까요. 한국 사회도 변할 수 있을까요. 그러나 또 다른 한편으로는 이렇게도 말한다. 정말 그렇게 변화하리라고는 상상을 못했어요. 아이가 너무 갑자기 변해버렸어요. 나의 미래가 어떻게 변할지 두려워요. 사람들은 변하지 않아서 문제라 하면서, 또 변한다고 문제시한다. 우리는 변해야 하는가 변하지 않아야 하는가. 한편으로는 변하지 않는 영원한 사랑을 열망하면서도 또 다른 한편으로는 변화하지 않는 일에 절망하기도 하는 우린, 사랑하는 사람이 변해서 탈이고 아이가 변하지 않아서 걱정이다. 기술 문명은 너무 빨리 변하여 멀미가 나고, 사람들의 사고는 화석화되어서 시름이다.

왜 우리는 변하는 것들에 대해서는 변하지 않기를 바라며, 변하지 않는 것들에 대해서는 변하기를 바랄까. 변화한다는 것은 도대체 무엇이며, 변화하고 하지 않아야 하는 것은 또 무엇인가. 실제로는 변화하고 있는데 정작 우리는 변하지 않는다고 느끼고, 반대로 하나도 변하지 않는데 내가 변한다고 느끼는 것은 아닌가. 그것도 아니라면 세상에는 변화하는 것과 그렇지 않은 것이 있는데 우리가 이들을 잘 헤아리지 못하는 것일까. 왜 우리는 어떤 때에는 모든 것이 변해야 하는 것처럼 변화의 이데올로기에 열을 올리는가 하면, 또 어떤 때에는 불변하는 진리에 열광하기도 하나.

변화와 불변에 대한 논의는 어제오늘의 일은 아니다. 사람들은 시간과 함께 변하는 일들에 대해 왜 모든 것은 그대로 있지 않고 변하며, 또 어떤 것은 왜 변화하지 않고 그대로인지를 물어왔다. 왜 꽃은 늘 피었다가 지고, 사람은 또 나이 들어 늙어가는지, 그리고 왜 사람들은 그렇게 수없이 잘못을 반복하는지. 그리고 변화하는 것이 있다면 그 변화는 어떻게 이루어지며, 그중에서도 변화하지 않는 것이 있다면 그것은 무엇인지에 관해 의문을 품었다. 사람들은 그것을 철학이란 학문의 이름으로, 또 종교로, 정치로, 과학으로 다양한 관점에서 다양한 영역으로 물어왔다.

이러한 물음에 대해 제일 먼저 해명해 보이려 한 철학자가 있다면 바로 자연 시대 철학자 헤라클레이토스(Herakleitos, BC 540?-BC 480?)와 파르메니데스(Parmenides, BC 515?-BC 445?)일 것이다. 헤라클레이토스는 "우리는 같은 물에 두 번 다시 발을 담글 수 없다"라며 모든 것은 변화하고, 변하지 않는 것이란 모든 것이 변화한다는 그 사실 뿐이라고 한다. 반면 파르메니데스는 우리 눈에는 모든 것이 변화하는 듯 보이지만 실제로 변하는 것은 아무것도 없다며 있는 것은 동일한 일자─者뿐이라 한다.

과연 누구의 말이 맞을까. 어떻게 보면 헤라클레이토스의 말이 맞는 것 같고, 또 달리 생각하면 파르메니데스의 생각도 틀리지 않는 것 같기도 하다. 헤라클레이토스와 파르메니데스는 도대체 무엇에 근거하여 서로 상반된 주장을 펴는 것일까.

헤라클레이토스에 의하면 세계는 영원히 타는 불처럼 늘 다르게 변화하고 있다 한다. 불이 그 안에 내재된 법칙에 따라 늘 다른 모습으로 타듯이 세계는 '이성'이라는 보편법칙에 의해서 늘 변화하며 있다는 것이다. 다시 말해 세상은 새롭게 생성하거나 소멸하는 것이 아니라 단지 하향로와 상향로라는 두 운동의 교환 속에서 이렇게 저렇게 달리 있을 뿐이라는 것이다.

그러나 그와 동시대인인 파르메니데스는 있는 것은 언제나 있으며 없는 것은 없을 뿐이라 한다. 세상에는 동일한 하나의 실재, 즉 '일자'만이 있을 뿐이며, 우리가 변화한다고 생각하는 것은 단지 그 유일한 일자의 여러 모습일 뿐이라 한다. 변화는 전과 후가 완전히 달라야 하므로, 이를 위해서는 공간의 분할이 전제되어야 한다. 그러나 공간의 분할 가능성을 인정하면 분할이 무한히 일어나야 하기에 실제로 변화란 있을 수 없다며 파르메니데스는 있는 것은 언제나 단일한 실재뿐이라 주장한다.

변화에 대한 이런 상반된 주장은 이후 변하지 않는 실재와 변화하는 현상으로, 또 가능태와 현실태로, 절대정신의 자기전개로, 그리고 본질과 현상의 문제로 시대와 지역을 달리하며 되풀이된다. 이처럼 사람들은 어떤 것은 변해야 하고, 또 어떤 것은 변하지 않기를 기대하며 그 사이에서 유영한다. 어떤 것은 변해서 좋아하고 아파하고, 또 어떤 것은 변하지 않아서 행복해하고 속상해하면서 우리는 어떤 것은 변해야 한다고 목소리를 높이고 또 어떤 것은 변하지 말아야 한다고 투쟁하기도 한다. 지금도 여전히 우리는 변해야 할 것은 무엇이고 변하지 말아야 할 것은 무엇인가 묻고 있다. 세계가 바뀔 것인지, 아니면 같은 문제를 여전히 되풀이할 것인지, 그것도 아니면 들뢰즈의 이야기처럼 차이를 가지고 반복할 것인지.

버스를 타고 갈 때 우리는 그 안에서 전화도 하고, 창밖도 바라보고, 서 있기도 하고 자리에 앉기도 한다. 이때 우리는 변화하고 있다고 해야 할까, 여전히 같다고 해야 할까. 아니면 같은 것을 다르게 이야기하는 것이라 해야 할까. 일정한 시간 안에서 끊임없이 변화하지만 그럼에도 나라는 동일성은 유지하고 있듯이, 우리는 어떤 관점에서 어떻게 접근하고 이해하는가에 따라 전혀 다른 입장, 즉 변화와 변화하지 않음을 취하고 있는 것일 수도 있다. 봄이 되어 벚나무에 꽃이 피는 것은 변화하는 것인가 아닌가. 상수리나무와 도토리, 나와 부모와 우리의 아이들은 어떠한가. 같다고 해야 하나 다르다고 해야 하나. 혹 삶과 죽음도 그러할까. 우리는 무엇을 어떻게 바라보고 생각하며 이야기하고 행동하는 것일까.

누구로
살 것인가

장 보드리야르, 소비의 사회

"자기 자신이어야 하는가 말아야 하는가
그것이 문제다."
－장 보드리야르

며칠 집에 칩거하고 나니 몸이 말을 건넨다. 어디든 잠시 산책함이 어떠냐고. 두꺼운 파카를 둘러쓰고 문을 나선다. 마땅히 걸을 곳이 따로 있지 않기에 그냥 골목길을 따라 걷는다. 숲길은 못 돼도 자동차 매연이라도 피해야 하지 않나 싶어 골목으로 들어서니 그곳에는 지표 가까이 내려앉은 전깃줄이 머리 위를 위협한다. 매연 아니면 전자파, 그것도 아니면 네온으로 밝힌 거대 상점들뿐, 이 도시에는 숨 쉴 곳이 없다. 여기저기를 돌아봐도 물건을 파는 상점뿐, 걸을 만한 곳이 마땅치 않다. 도시 전체가 거대한 백화점인 양 상점에서 상점으로 이어지는 길, 어디를 가도 반기는 것은 상품이 가득한 상점뿐이다. 거리는 허기진 악어처럼 입을 크게 벌리고 우리에게 물건을 구매하라고 유혹하듯 환히 불을 밝히고 있다.

현대의 우리는 자연이 아닌 상품으로 가득한 상점에 포위되어 있다. 일하고 먹고 놀고 쉬는 일도 자연이 아닌 상점에서 상품을 소비하며 한다. 상품에 둘러싸여 상품과 더불어 살아가는 우리는 장 보드리야르(Jean Baudrillard, 1929-2007)가 이야기하듯 더 이상 '생각하는 주체'가 아니라 상품을 소비할 권리와 자유만 주어진 '소비하는 사회'의 '소비하는 주체'일 뿐이다. 데카르트는 사람을 '사유하는 존재'라고 명명했지만, 우리는 하루도 상품을 소비하지 않고는 살수 없는 그야말로 "나는 소비한다, 고로 존재한다"라고 할 만한 소비의 주체로서 소비사회를 살고 있다. 소비를 할 때 살아 있음을 느끼고, 소비에 따라 구별도 하고, 소비를 통해 의사소통도 해나가는 현대인은 어쩌면 물건을 선택하는 것이 아니라 물건을 사도록 선택당하는 것일지도 모른다.

소비가 곧 진리고, 선이며, 아름다움이라며 더 많이 더 빨리 소비하도록 소비를 학습하는 사회, 소비에 대해 사회적 훈련을 하는 소비의 사회는 모든 제도, 교육, 법, 구조, 도덕을 소비를 위한 것으로 만들어간다. 상품화할 수 없는 것들까지도 상품화하면서 남녀노소를 불문하고 소비의 주체가 될 것을 강요하는 소비사회는 발전된 기술을 통해 대상과 범위를 지구 전체로 확대해가는 데 주저함이 없다. 소위 과학화, 자본화, 정보화, 다양화, 세계화라는 이름하에 소비를 증대시키기 위해 모든 방법과 수단, 그리고 기획과 책략을 갖추는 소비의 사회에서 우리는 소비의 주체로 살아갈 뿐이다.

이에 장 보드리야르는 자본주의가 어떻게 시장을 확대해가는지

치밀하게 파헤치며, 소비사회의 신화와 구조에 대해 설명한다. 소비사회는 발달된 대중매체를 통해 대중 스타들에게 이미지를 입히고 이미지가 가지는 환상을 소비하도록 독려한다. 스타를 통해 환상을 심어주는 이러한 이미지를 그는 '시뮬라크르Simulacre'라 하고, 그에 의해 작동되는 현상을 '시뮬라시옹Simulation'이라 하며, 이미지가 지배하는 사회가 가지는 문제에 대해 논한다. 그에 따르면 우리는 이미지 사회에서 이미지를 실재라 여기며 이를 소비하기 위해 자신의 모든 것을 허비한다. 실재하지 않기에 더욱 갈망하고 열망하는 악순환 속에서 우리는 점점 더 욕망의 기계로 변해간다. 무엇이 실재하는지는 중요하지 않다. 우리에게 중요한 것은 다만 그것을 소비할 수 있는가 아닌가 하는 것뿐이다.

기술의 축적과 거대한 자본이 결합하여 생성된 후기 자본주의하에서 우리는 더 이상 필요에 의해 상품을 생산하거나 소비하는 것이 아니라 자본주의가 상품에 덧입혀놓은 이미지에 의한 기호 가치를 소비한다. 물질의 풍요와 편리함에 길든 우리는 '기호 소비'를 하며, 이제 상품 자체가 가지는 필요나 사용가치가 아닌, 교환가치에 의해서 촉발된 상품의 외적인 가치, 즉 기호 가치에 의해 생산하고 소비하는 잉여의 시대를 사는 것이다.

지극히 개인적이고 개성적일 것 같은 우리가 기술 매체에 따른 표준적인 '짐 꾸러미'라 할 수 있는 브랜드와 같은 일정한 기호를 선호하는 까닭은 뭘까. 아이러니하게도 우리는 자신을 표현하고 존재 의미를 찾기 위해 동일한 기호 체계의 이미지 아래 자기를 소속시킨다. 바로 이 기호를 소비하기 위해 마치 무표정한 모델들처럼 자신을 잃고 끊임없는 욕망 속으로 자기 삶을 송두리째 떠넘긴다. 점점 더 많은 소비를 위해 점점 더 많은 시간 동안 일해야 하는 우리는 그래서 늘 피곤하다.

보드리야르는 이러한 곤함을 잠재적 이의 '주장contestation'이라 부른다. 모든 것을 빼앗긴 사람들에게 육체는 일정한 조건하에서 그들이 공격할 수 있는 유일한 대상으로, 자기 자신에게 향할 수밖에 없는 자신의 육체에 깊이 파고드는 이의 주장, 그것이 곤함이며 피로다. 그런 의미에서 수동적인 거부라 할 수 있는 피로는 자기가 자신에게 행하는 잠재적 폭력이라 할 수 있다. 목적도 의미도 없이 그저 이미지를 소비하기 위해 내몰린 사람들은 점점 지쳐가며 더 강도 높은 자극과 흥분제를 찾는다. 우리 사회에 수없이 생겨나는 카페, 커피숍이 바로 이 예일지 모른다. 한 손에는 커피, 또 다른 한 손에는 스마트폰을 들고 24시간을 온on 상태로 켜진 채 빛 안에 거하는 사람들, 그들이 지친 우리의 모습이다.

문제는 이것이 개인적이고 우연적인 사건이 아니라 사회 전반의 구조에서 비롯된다는 데 있다. 자본주의는 소비의 동력에 의해 유지되는 사회다. 자본으로 공장을 짓고, 상품을 생산할 기계 설비를 갖추고, 생산된 상품을 소비하고, 다시 그 자본으로 상품을 다시 생산하는, 그야말로 생산과 소비의 시스템에 의해 사회가 유지, 발전되는 사회다. 그렇기에 소비가 제대로 이루어지지 않으면 자본주의는 생산-소비의 사이클에 문제가 생겨 사회 전반에 어려움이 발생한다. 그런 이유로 자본주의는 모든 수단과 방법을 동원해 소비를 독려하며 소비가 미덕이고 잘사는 것이며 행복이라는 관념을 심어간다. 그리고 우리는 이를 따라 일하고 피곤해하다가 사라져간다.

이런 자본주의의 사회에서 과연 우리는 소비와 거리 두기를 할 수 있을까. 그보다는 오히려 점점 더 강력해지는 자본주의 동력에 가중되는 노동으로 사람은 지쳐가고, 끝없는 소비로 자원은 고갈되고 환경은 오염돼가는 것 같다. 하루가 다르게 속도를 더해가는 기후 변화 속에서 푸른 하늘을 볼 수 있는 날은 점점 줄어든다. 더 이상 푸른 하늘을 볼 수 없는 바로 그날에 우리도 같이 사라지게 될까. 푸른 하늘을 볼 수 없게 될지도 모르니 실컷 봐두라던 중학교 때 체육 선생님의 말씀이 예언처럼 되어버린 지금에도 우리는 여전히 소비를 줄일 수 없으니 도대체 우리는 무엇을 원하는 것인가. 푸른 하늘, 맑은 바람, 밝은 빛 아래 머물 수만 있다면 그 어떤 바람도 갖지 않아도 좋을 듯한 요즈음, 그런 생각을 하는 이가 비단 나뿐일까.

소비로
규정되는 우리

아도르노, 예술로 가장한 문화산업

외국인인 친구와 문화의 거리라는 인사동을 찾았다. 우리처럼 많은
사람들, 특히 한국 문화를 접하고 싶어 온 듯한 외국인들이 눈에 많
이 띈다. 그러나 과연 '문화'가 도대체 무엇일까 하는 생각이 들 만큼
거리는 온통 상점들뿐이다. 온갖 거대 체인점과 음식점, 옷과 액세서
리를 파는 가게들로 이어진 거리. 이것이 문화일까. 생각하기에 따라
지금 여기서 행해지는 이 모든 것들이 문화일 수도 있지만, 보통 우
리가 문화라 할 때는 그 이상의 어떤 의미를 부여하곤 한다. 우리는
일상적인 삶과 달리 보다 바람직한 그 무엇을 담아가고자 문화라는
이름을 사용하는 걸까. 아니면 문명과 교환 가능한 말로 여기고 있
나. 오늘 이 거리에서 나는 정녕 문화를 접하고 있는 것인지 아니면
문화라는 이름의 자본주의에 농락당하고 있는 것인지 잘 모르겠다.

거리에는 내가 아닌 돈을 요구하는 상점만 도열해 있고, 그들은 본래 의도를 아주 세련되게 가리고 친절과 기만의 상술로 우리를 유혹한다. 다른 곳에서는 이런 대우를 못 받는 당신을 위하여, 네가 할 수 있으면 해봐 하는 식으로 사람들의 마음을 무장해제시키거나 감정선을 자극하며 카드를 긁을 것을 강요한다. 사람들은 돌아서서 '그래 오늘 나는 모처럼 문화생활을 한 것이야'라고 쓰린 마음을 애써 위로한다. 한데 그것이 이번뿐이랴, 그리고 오늘 여기에서만이겠는가. 우리는 늘 그러고 있지 않나.

프랑크푸르트 대학교의 사회학 연구소 초대 소장을 맡았던 테오도어 비젠그룬트 아도르노(Theodor Wiesengrund Adorno, 1903-1969)는 바로 이러한 우리 삶과 사회를 신랄하게 비판한다. 그는 우리가 살고 있는 자본주의 사회는 자연만이 아니라 모든 사회적 생산관계, 그리고 사람의 의식마저 지배하기 위해 '문화산업'의 옷을 입는다고 지적한다. 문화산업은 사람들로 하여금 위장된 이미지와 이데올로기를 내면화하며 소비와 환락의 주체가 되게 한다는 것이다. 이때 사람은 자신의 정체성을 형성해가는 힘 있는 주체가 아닌 단지 '보편의 교차점'으로 조정되고 조작되며 전락한다. 보편의 교차점, 그것이 뭘까. 문화라는 이름의 다수의 행태일까, 아니면 자연발생적 교차점인가.

아도르노는 자본주의 지배 구조와 이에 따르는 사회 지배의 문제를 '의식의 물화', 이를 가능하게 하는 메커니즘으로서의 '동일성의 논리', 그리고 이로 인해서 파생되는 '개인의 사라짐'에 대해 이야기하며, 이를 극복하기 위해 초월적 반성에 의한 예술과 비판철학을 제시한다. 그의 대표 저서라 할 수 있는『계몽의 변증법*Dialektik der Aufklärung*』과『부정의 변증법*Negative dialektik*』,『미학 이론*Ästhetische Theorie*』은 바로 이러한 문제를 아주 잘 설명해주는데,『계몽의 변증법』은 당시 사회문제를 역사철학적으로 고찰한다면,『부정의 변증법』은 이를 철학적으로 다시 논의하고,『미학 이론』은 이에 대한 해결책을 예술적 차원에서 새롭게 모색해나간다.

이와 같이 일관된 사유의 여정 속에서 아도르노는 사회를 지배하는 하나의 원리가 있다고 하는데, 그것이 바로 '동일성의 원리'다. 이 동일성의 원리에 의해 지배되는 사회에 대한 비판과 극복을 시도하는 아도르노는 독일 나치즘의 출현을 역사의 구조적 문제와 연결하여 그것이 어떻게 등장하는가를 먼저 역사 철학적으로 고찰한다. 그리고 다시 '세계사의 철학적 구성'을 통해 이를 역사 발전 과정의 필연적 결과로 설명한다.

그에 따르면 모든 생명체는 기본적으로 자기 보존을 위해 존재한다. 그런데 자연에 대해 과민하게 불안을 느낀 인간은 자연을 정복하기 위한 집단을 형성하여 자연으로부터 적대적으로 분리되어, 자연물을 재생산하는 노동과 소비, 분배에 따른 2차적 형식의 사회구조를 파생시키며 인간에 의한 인간의 지배를 가져온다. 자연으로부터의 맹목적인 해방을 추구했던 자연 지배가 결국 인간 내부에 있는 자연, 즉 인간성을 훼손하며 결국 인간이 인간을 지배하는 사회를 낳기에 이르렀다는 것이다.

이제 통제하기 쉬운 하나의 동일한 인간으로 획일화된 사람들은 이를 내면화함으로써 결국 자기 안에 있는 본래적 감정 내지는 특성을 스스로 소실시키는 자기훼손이라는 '자기배반', 자기폭력을 행사하게 된다. 마치 자기부정과 단념을 통해서만 자기를 보존할 수 있었던 오디세우스처럼 인간의 자기보존을 위한 행위는 결국 자기를 훼손하는 자기폭력이 되고 말았다. 아도르노는 이를 현대 문명의 근본적 위기로 파악하며 인간의 역사와 진보란 인간의 자기부정과 기형의 진보에 지나지 않는다고 비판한다.

그는 인간이 무엇을 인식하고 지각하고 파악하고 이해하고 표현하는 모든 것은 타자의 고유성을 보편성으로 편입하는 행위로, 그것을 지배하고 정복하려는 목적이 내재되어 있다고 본다. 그에 의하면 인식한다는 것은 결국 권력의 문제이고, 사고는 지배의 기관이며, 개념은 지배를 위한 관념적 도구다. 그리고 이는 사회를 지배하는 다양한 이데올로기의 원형이 되어 사회 모든 곳에 자리한다. 특히 자본주의 사회에서 이와 같은 동일성의 논리는 교환의 전 형식으로, 시장과 화폐경제하에서 철저히 상품 교환을 위한 수단과 방법으로 차용되며, 우리는 그 속에서 내가 아닌 인간, 그것도 상품을 구매하는 인간으로 규정지어진다는 것이다.

이와 같은 아도르노의 지적은 소비를 미덕으로 삼고, 소비를 자랑으로 여기며, 소비에 따라 잘살고 못살고를 이야기하는 우리를 이와는 다른 시선에서 바라보게 한다. 지금 거울 속에 내가 나이며 내 몸에 두르고 있는 그것이 과연 나를 빛나게 하는 것인지, 아니면 그것이 나를 힘들게 하며 나를 가두고 있는 것은 아닌지를 생각하게 한다. 학생들의 손에는 명품 가방이 들려 있고, 대학의 축제는 시골 장터가 되고, 우리의 아고라에서는 싸 비싸, 진짜야 가짜야, 빨리빨리만 들려온다. 어디를 둘러보아도 우리에게 요구하는 것은 하나다. 사 사, 좋아 좋아, 멋져 보여. 이로부터 우리는 스스로를 보호할 힘이 있나. 이런 사회로부터 과연 거리 두기가 가능한가. 아도르노의 이야기가 귓가를 맴돈다.

그것은
선물일까 뇌물일까

아우구스티누스의 은총설

"선물이란 아무런 대가 없이 그저 주는 것이다."
— 아우구스티누스

산다는 것은 어려움의 연속인가 보다. 이전에는 아무런 문제 없이 지내던 것들도 문제가 되는 시대, 이제는 누군가와 선물을 주고받는 것도 법에 저촉되는지 물어보아야 할 만큼 서로의 마음을 담아 전하던 선물도 점검을 받아야 하는 일이 되어버렸다. 우리들 마음에 진정성은 사라지고 의구심만이 자리하는 까닭이리라. 아주 오래전 엄마의 말씀이 기억난다. 자신보다 나은 사람에게 주는 것은 뇌물이고 자신보다 어려운 사람에게 주는 것은 선물이라던 엄마. 스승의 날에도, 소풍가던 날에도, 성탄절에도 선생님이 아닌 청소하시는 분, 수위 아저씨, 도시락을 챙기지 못한 친구들을 먼저 챙겨주셨던 엄마.

언제인가 한번은 엄마가 학교에 오신다는 말씀에 당연히 선생님을 뵙고 가시는 것이라 여기며 어린 마음에 조금은 자랑스럽게 선생님께 말씀드린 적이 있었다. 헌데 종례가 다 마치도록 엄마는 오시지 않았다. 당황한 난 집으로 전화를 걸어 엄마와 통화를 하며 또 한번 당황해야 했다. 엄마는 학교에 간다 했지 언제 선생님을 만난다고 했냐며 내가 일방적으로 생각한 것이 잘못이라 하셨다. 엄마는 선생님께는 볼일이 없었기에 수위 아저씨와 청소 아주머니만 만나고 돌아갔다고 하시며, 내가 나보다 힘 있는 어른들에게 얼마나 잘 보이려고 그런 소릴 한 거냐며 꾸중하셨다. 그때는 엄마의 처사가 부당하다고 여겼지만 시간이 지날수록 엄마의 현철함 덕분에 오늘의 내가 있음을 다시 한번 느낀다.

선물에 대한 이야기를 하려면 누구보다 중세를 연 성 아우구스티누스의 이야기를 빼놓을 수 없다. 북아프리카 타가스테에서 태어난 아우구스티누스(Aurelius Augustinus, 354-430)는 철학을 종교적 구원과 연결시킨 플로티노스 이후 사람들의 사고를 지배하면서 종교를 중심으로 부패한 도시를 혁신하면서도 이 세상의 질서와 안정을 도모코자 하는 플로티노스의 사상을 심화시키며 종교적 세계에 대한 열망을 더욱 확고히 해나간 사람이다. 그는 저서 『고백록 Confessiones』에서 자세히 기술한 바 있는, 방탕한 생활과 이교도 신앙을 거쳐 회심에 이르는 개인적 경험을 통하여 이전의 다양한 사유들이 가지는 한계를 면밀히 고찰하면서 그만의 독특한 철학을 전개해나간다.

그는 신의 전권적인 힘을 이야기하는 '무로부터의 창조', 모든 것을 창조의 질서 속에서 가능태와 현실태로 드러나는 과정으로 설명하는 '배아의 원리', 이 세상의 악에 대해 설명하는 '선의 부재로서의 악', 구원은 오직 신의 의지에 의한 것이라는 '은총설', 죄는 인간의 책임이라는 '인간의 자유의지', 이 세상은 단순한 물질이 아닌 신에 의지가 드러나는 세계라는 '역사하는 신' 등과 같은 기독교의 핵심 교리를 만들어낸 중요한 인물이다.

그의 이러한 사상의 근원에는 개인적 경험이 깊숙이 자리한다. 세상의 그 어떤 것으로부터도 참다운 행복과 평화를 얻지 못했던 아우구스티누스가 참다운 진리를 구하고자 하는 일련의 과정이 그의 사상으로 고스란히 드러난 것이다. 아우구스티누스는 변화하는 세계에 근거해서는 어떤 지적인 확실성도, 참다운 지혜도, 정신적인 평화도 얻을 수 없다며 지속적이고 온전한 평화를 위해서는 영원한 진리인 신에 근거하여야 한다고 주장한다. 사람은 영혼을 가진 정신적인 존재로 창조되었기에 단순히 사물의 고유한 본질을 파악하는 것만으로는 행복할 수 없고 사랑을 통해서만 행복할 수 있는바, 그것이 신에 대한 사랑이라 하는 것이다. 사물이나 다른 사람을 사랑하는 일은 늘 기대 이상을 바라는 무질서한 사랑이 되기 쉬운 반면, 무한한 신에 대한 사랑은 우리의 요구를 온전히 충족시켜줄 수 있다며 우리는 신을 사랑함으로써만 참다운 행복에 이를 수 있다고 주장한다.

아우구스티누스는 저서 『신국론 De civitate Dei』에서 세계를 플라톤처럼 '지상의 나라'와 '신의 나라'로 구분하며 이 두 나라 사이의 긴장 관계를 역사로 설명한다. 그는 신에 대한 사랑을 도덕성의 원리로 삼아 국가는 죄가 가득한 세계에서 필연적으로 등장하는 통제의 대리자로, 정의는 신의 고귀함을 모든 사람에게 분배하는 영혼의 습관으로 이야기한다.

스토아학파가 이성의 원리인 누스nous를 자연법칙의 구성 요소로 여겼다면 아우구스티누스는 영원의 법을 기독교의 인격적인 신의 이성과 의지로 파악한다. 영원의 법은 곧 신의 이성으로, 이는 사물의 자연적인 질서를 유지시키고 사회의 혼란을 막아주는 신의 의지라는 것이다. 이것이 값없이 거저 주는 신의 선물 은총설이며, 아우구스티누스는 선물이란 이처럼 대가 없이 거저 주는 것이라 한다. 신이 우리에게 하듯이 부모가 자식에게, 있는 자가 없는 자에게 대가를 바라지 않고 거저 주는 것이야말로 선물이다. 그렇기에 선물은 고귀한 것이다. 마치 부모가 아무런 대가를 기대하지 않고 자녀를 사랑하듯 신도 우리에게 그렇게 구원의 은총을 베푼다고 아우구스티누스는 이야기한다. 고대 철학자 아리스토텔레스는 아들에게 세상 사는 지혜를 담은 책을 선물하는데, 그것이 바로 『니코마코스 윤리학*Éthika Nikomacheia*』이다. 선물은 이처럼 대가를 바라지 않는 사랑의 행위다. 우리는 누구에게 무엇을 선물하기에 선물이 아닌 뇌물 이야기가 나오는가. 선물과 뇌물까지도 법으로 정해지는 세상에서 우리의 자율성은 어디에서 찾을 것인가.

우리는 누구에게 무엇을 선물하고 있나. 나는 진정 아무런 대가를 바라지 않고 오직 그 만을 위한 사랑의 행위로서 선물을 하고 있나. 부모 자식 간에도 사제지간에도 선물이 아닌 뇌물이 오고 간다면 올바른 관계가 형성될 수 있을까. 그런 사회에서 진리를 이야기할 수 있을까. 진리가 사라진 사회에서 무엇으로 아이들을 올바르게 양육

하며 행복하게 할 수 있나. 대가 없는 선물의 의미를 다시 되새긴다면 군이 법이 동원될 일도 없으련만. 모든 것을 법으로 규제하려는 것도, 법까지 대두하게 만든 우리의 처사도 다 문제가 아닐 수 없다.

VI.

우리가
바라는
미래

사회와 실천에 대하여

모든
순간의
철학

자유라는 권리와
책임이라는 의무

이율배반의 사회에서

> "선행이란 다른 사람들에게 베푸는 것이 아니라,
> 자신의 의무를 다하는 것이다."
>
> — 임마누엘 칸트

"도대체 무엇을 배우고 가르치나 몰라……."

화장실을 청소하시던 아주머니의 이 독백은 한 개인에게 하는 말이 아니라 이 시대를 사는 우리 모두에게 외치는 항변처럼 들린다. 누구나 다 알고 행할 수 있는 일들이 소위 지성의 전당이라는 대학에서 왜 지켜지지 않는지 아주머니는 정말 묻고 싶었을 것이다. 화장실만이 아니라 버려진 컵과 휴지들이 널려 있는 강의실에 저 혼자 돌아가는 선풍기와 에어컨, 온풍기, 프로젝터, 버려진 담배꽁초와 산더미처럼 쌓여 있는 쓰레기를 보면 나 또한 여기가 어디인가를 묻고 싶다.

무엇이 문제일까. 누군가의 말대로 정말로 자신들이 버리기에 청소하는 분들이 계실 수 있다는 마음일까. 권리는 누리나 책임은 지지 않는, 자유는 좋으나 의무는 방기하는 사람들이 만든 버리는 사람과 치우는 사람이 분리된 사회, 머리는 크나 몸은 작은 프랑켄슈타인의 괴물이 사는 사회다. 이들은 누가 낳고 키운 것일까. 공부를 위해서라면 모든 것을 유예시켜주는 이 땅의 부모일까, 문제를 푸는 방법이 아닌 답만을 알려주는 학교 선생일까. 아니면 행실과는 관계없이 믿음만을 강조하는 종교인가, 학벌만 있으면 실력이 문제 되지 않는 사회인가.

리모컨에 의해 움직이는 기계처럼 필요에 따라 요구되는 기능과 지식만을 습득한 이들은 부모에게 일을 미루듯 미화원 아주머니를 찾는다. 가정도 육아도 경제도 안보도 다른 이의 도움으로만 살아온 이들은 문제의 원인과 책임도 자신이 아닌 밖에서 구한다. 자율적 도덕과 윤리를 기대할 수 없는 사회에는 강제적 물리력을 가진 법이 지배할 수밖에 없다. 인간 자율성의 축소는 곧 인간 존엄성의 축소를 의미한다. 그런데 인간의 존엄성이 약화된 사회에서 우리가 행복할 수 있을까. 행복은 원하지만 행복하기 위해 해야 할 일들을 소홀히 하고, 권리는 주장해도 의무는 방기하는, 자유는 좋지만 책임은 지고 싶지 않은 이들이 넘쳐나는 사회에서 과연 우리가 행복할 수 있을까.

자유로운 사람만이 자신의 의지로 선택을 하고, 자신의 의지로 자유로이 선택을 한 사람만이 자신이 한 일에 책임을 질 수 있다면 자유와 책임은 한 사람에게 있는 두 지체, 샴쌍둥이라고 해야 할 것이다. 자신의 삶에 주인인 주체만이 무엇을 어떻게 해야 하는가를 자율적으로 행할 수 있고, 자율적인 사람은 자신의 밖에 있는 강제적 법에 의존하기보다 자기 안에 있는 이성의 자율성에 따라 행동한다면, 우리는 누가 시켜서나 법 때문이 아니라 체면, 이목, 이익에 관계없이 자기가 마땅히 해야 할 바를 아는 사람이며, 그런 사람이 자유로운 사람이다. 단지 기호나 이기심에서가 아니라 자신이 무엇을 어떻게 해야 하는가를 알며 행하는 사람, 그런 사람을 우리는 자유로운 사람, 이성적인 사람, 온전한 사람이라 한다. 그런데 우리는 지금 누구를 키우고 있나. 자신이 해야 할 바를 알아서 하는 온전한 사람인가 아니면 이 둘이 분리되어 있는 프랑켄슈타인의 괴물인가.

지식의 잣대로만 평가하는 시스템 속에서 공부 외의 것들에 무심해진 아이들은 스스로 생각하고 판단하여 행하는 법을 잊어버렸다. 아는 것과 행하는 것이 별개의 일이 되어버린 오늘, 강의실엔 언제나 분리된 결과물들이 나뒹굴고 있다. 이들이 훗날의 사회 지도자가 되고 부모가 된다면……. 왜 우린 우리 사회의 지도자들에게 도덕과 책임을 기대할 수 없는지가 분명해진다. 피해자는 있는데 가해자는 없고, 자유는 누리나 책임은 지지 않는 기형이 되어버린 사회에서, 지금 우리는 이율배반적 행동을 스스럼없이 하고 있다. 지척에 있는 헬스클럽에 차를 타고 가서 러닝머신을 하는 엄마와 건강하기를 원하지만 과음과 과식을 자제하지 못하는 아빠, 그리고 그 사이에 태어나 태권도장에 가기 위해 3층에서 엘리베이터를 타는 아이가 우리 사회의 아이이고 사람이고 부모이고 지도자다.

돈은 벌고 싶지만 일하기는 싫다. 사랑은 하고 싶지만 가족 관계로 매이기는 싫다. 섹스는 원해도 결혼은 노, 결혼은 해도 아이는 낳고 싶지 않다. 좋은 결과는 바라지만 힘들게 노력하고 싶지는 않고, 성형한 여자는 싫지만 예쁜 여자가 좋다. 깨끗한 공기를 마시고 싶지만 불편을 감내하고 싶지는 않으며, 환경은 개선되기 바라지만 세금은 내기 싫고, 잘살기를 원하지만 힘든 일을 할 생각은 없다. 나는 되나 너는 안 되는 이런 권리와 의무, 자유와 책임의 분리된 삶을 사는 사람들이 넘쳐나는 사회, 이런 이율배반이 넘쳐나는 사회에서 우리는 무슨 희망을 이야기할 것인가.

사람을 넘어
사람을 위해

들뢰즈, 인간을 벗어난 우주적 사고

"진정한 사유란 인간의 질서를 넘어
생명의 충일과 변화를 들여다보는 것이다."
-질 들뢰즈

크리스토퍼 놀란 감독의 〈인터스텔라Interstellar〉(2014)라는 영화가 있다. 지구에서 더 이상 살 수 없게 된 사람들이 인간이 살 수 있는 새로운 행성을 찾아 우주로 탐사를 떠난다는 이야기를 담은 이 작품은 노벨상을 수상한 이론물리학자 킵 스티븐 손(Kip Steven Thorne, 1940-)의 웜홀 이론에 근거하여 만들어진 영화다. 성간 여행을 할 수 있는 우주의 통로가 있을 것이라는 전제하에 우주에서 시간 여행의 가능성을 보여주는 이 영화는 복잡한 이론을 화면으로 보여주며 사람들의 사유의 지평을 종교와는 전혀 다른 차원에서 우주로 향하게 한다. 그동안 일반 대중의 사유의 더듬이는 기껏해야 우리 시선이 머무는 곳을 벗어나지 못했다. 조금만 시간과 공간의 방향을 바꿔도 멀미를 하는 우리는 시계추처럼 늘 같은 범위만 왕복하며 지구의 다른 곳으로 가기를 버거워했다. 그런데 이 영화는 우리로 하여금 모처럼 지구 밖 멀리로 유영하게 한다.

크리스토퍼 놀란이 영화라는 매체를 통해 우리를 우주로 안내한다면 질 들뢰즈(Gilles Deleuze, 1925-1995)는 철학으로써 우리를 우주로 이끈다. 철학은 그 시대의 문제 속에서 배태되고, 시대의 과학적 토대 위에서 성립하기 마련이다. 들뢰즈 역시 현대의 문제 속에서 현대의 발달된 과학 위에서 존재론적 체계를 새롭게 묻는다. 실증적이고 생물학적이고 진화론적인 연구 성과에 주목하여 현실에 가장 정합적인 존재론의 체계를 다시 묻는 들뢰즈는 인간 중심이 아닌 전우주적 관점에서 사유할 것을 이야기한다. 우주적 관점에서 객관적으로 파악할 수 있어야 인간 존재도 제대로 알고 올바로 행할 수 있다는 것이 그의 생각이다. 우리 사고의 깊이와 넓이를 우주로 확대해가는 들뢰즈의 이러한 시도는 이전과는 다른 빛깔, 다른 거리, 다른 시점, 다른 렌즈로 세상 보기라 할 수 있다.

그는 우주를 자연 안에 물질적 연속성을 띤 질료가 욕망을 내재적 원리로 하는 하나의 '욕망 기계'로 여긴다. 다시 말해 세계란 욕망의 강도에 따라 절단, 절편, 채취된 이런저런 모습과 성질이라는 것이다. 이때 절단이란 개별적인 것에 의미를 부여하고 규정하는 일로, 세상에 존재하는 모든 것은 이 절단을 통해 기존의 특성에서 벗어나 새로운 '자기devenir'가 된다 한다. 동일한 세계가 서로 다른 절단과 채취에 의해서 서로 다른 특성을 가지고 생성하는 것, 그것이 바로 '되기'이다. 들뢰즈는 이 절단에 의해서 생성된 '되기'를 '기계'라 한다.

그런데 되기는 나무처럼 일정하고 정해진 순서에 의해 이루어지는 '나목식arborescence'이 아니라, 뿌리식물처럼 방향이 일정하게 주어지지 않고 늘 달리 생성되는 '리좀식rhizome'으로 전개된다. 보다 바람직한 방향으로 늘 유동하는 기관이 없는 신체인 리좀은 새로운 접속을 통해 기존의 체계·구조에서 분리되어 다양체로 생성된다. 다시 말해 리좀은 특정 체계를 갖거나 목적 지향적이지 않고 상황에 따라 이탈 절단(돌연변이)과 새로운 채취를 통해 세계를 가로질러 횡단하는 것이다. 들뢰즈는 늘 다르게 연결-종합, 채취-절단, 분리-종합, 이탈-절단되며, 다시 결합-종합, 잔여-절단이 되는 이러한 생명의 전 과정을 탈주라고 부른다. 인간 중심적 사고를 벗어나 초월론적 경험론에 의거하여 세계를 보면 그것은 차이를 가지고 반복하는 하나의 욕망 기계의 탈주선에 지나지 않는다는 것이다. 접속과 이중 분절을 통해 탈영토화하고, 다시 영토화하는 재배치 과정이 무한 반복 순환하는 생명의 탈주를 노마돌로지nomadology라 한다.

진정한 사유란 인간의 질서를 넘어 생명의 충일과 변화를 들여다보는 것이라는 들뢰즈는 매우 낯설고 생경스러운 언어로 철학하기를 시도하며 오늘날 과학의 발전과 더불어 초래된 예측할 수 없는 문제 앞에서 매우 진지한 이야기를 건넨다. 그에 따르면 우주는 결정되어 있거나 특정한 목적을 향하여 나아가는 것이 아니라 마치 뿌리식물처럼 언제나 보다 바람직한 방향으로 유동한다. 사람은 그 안에서 잠시 명멸하는 생명체일 뿐, 인간이 우주의 중심이거나 주인이 아니다. 인간이 존속 가능한 환경이냐 아니냐에 따라 인간 없는 세계도 얼마든지 가능하다. 우주는 어떤 생명체의 탄생과 소멸과는 상관없이 오로지 그 자신의 생명을 이어갈 뿐이다. 그러므로 인간의 종말이 곧 우주의 종말은 아니다. 지금처럼 인간이 인간 중심으로 사유하며 생태계를 돌보지 않는다면 그래서 자신들이 더 이상 살 수 없는 세상으로 만든다면 언제든지 인간 없는 세계가 올 수 있다. 세계는 대신 다른 종이 영토화하는 절단과 채취라는 탈주를 하게 될 것이다. 그렇기에 인간 중심에서 벗어나 우주적 관점에서 바라보고 생각하고 행동할 수 있어야 한다.

들뢰즈의 이 같은 이야기는 미래에 대한 두려움보다는 지금 우리가 어떻게 하는가에 따라 미래 역시 달라질 수 있다는 면에서 부정적이기만 하지는 않다. 이는 우리의 판단과 행동을 바꾸면 아직도 인간에게 가능성이 있다는 뜻이기도 하기 때문이다. 그런 면에서 지금 우리가 사용하고 있는 모든 것들은 단순히 우리만의 것이 아니다. 그것은 과거로부터 이어온 것이면서 동시에 미래에서 차용하고 있는 것이기도 한다. 지금 우리가 어떻게 하느냐에 따라 미래 역시 보장받을 수도, 그렇지 않을 수도 있기 때문이다.

시애틀 추장이 남긴 말처럼 사람을 사랑하고, 자식을 사랑하고, 손자 손녀를 진정으로 사랑한다면 무엇보다 그들이 마음 놓고 살아갈 삶의 터를 물려주어야 하지 않을까? 한데 금수강산이라 불리던 이 땅도 언제부터인가 물이 부족하고 황사와 미세먼지를 비롯한 온갖 유해 물질로 얼룩져 사람 살기 힘든 곳이 되었다. 많은 젊은이들은 이 땅을 떠나고 싶어 할 정도로 말이다. 그러나 문제는 점차 주변으로 확산되며 더 강력해지고만 있다. 기후는 너무도 급격하게 변하고, 갈수록 심화되는 자원 고갈과 환경오염이 삶을 위협하는 지금, 우리는 무엇을 어떻게 해야 하나. 끊임없이 양산되는 급작한 문제들 앞에서 지엽적 부분이 아니라 오히려 우주로 시선을 돌려야 한다는 그의 이야기에 얼마나 많은 사람이 공감할지는 모르지만 결코 소홀히 들을 수 없음은, 결코 문제가 아주 먼 미래가 아니라 지금 바로 오늘 여기의 문제이기에 그렇다.

살기 좋은 사회를
진정으로 바라거든

하버마스, 합리적 의사소통의 가능성

"진리는 다른 곳이 아닌
오고 가는 우리 말 속에 있다."
– 위르겐 하버마스

교통이 원활하지 않고 차가 밀리면 우리는 이런저런 원인을 유추하며 왜 차가 밀리는지 궁금해한다. 대개는 사고가 났나, 아니면 도로 보수 중인가 생각하지만, 또 어디에서 시위를 하는 건 아닌가 생각하기도 한다. 그만큼 대한민국은 민주주의 성장통을 심하게 앓아왔다고 해야 할까. 최근 몇 년만 되돌아보아도 쇠고기 파동과 관련한 촛불 집회부터 고 노무현 대통령 추모 집회, 4대강 개발을 둘러싼 찬반 논쟁에 따른 시위, 쌍용차 문제와 용산 철거민, 밀양 송전탑, 고리 원전, 최근에는 세월호와 국정 농단 탄핵에 이르기까지, 우리는 수없이 많은 시위 속에 살고 있다. 어떤 때는 공분하여, 어떤 때는 친구 따라, 어떤 때는 양심에 이끌려, 그리고 또 어떤 때는 관망하러 시위에 참여하거나 혹은 시위를 목격하며 비판하며 시위와 더불어 살아가고 있다.

사람들은 생활의 불편과 경제적 손실, 그리고 때로는 전혀 예기치 못한 불이익까지도 감수하면서 왜 시위를 하는 것일까. 이에 대해 프랑크푸르트학파 2세대를 이끌고 있는 위르겐 하버마스(Jürgen Habermas, 1929-)는 다음과 같이 이야기한다. 사회를 이루고 있는 구성원들 사이에 활발한 대화가 이루어지지 못하면 사람들은 어떤 방식으로든 자신의 의사를 표현할 방안을 찾기 마련이라고. 왜냐하면 사람은 누구나 자기의 의견을 개진할 자유와 권리를 가진 언어적 존재이며, 이를 통해서만 자신을 만들어가기도 하고 보호할 수도 있기 때문이라는 것이다.

그렇기에 하버마스는 사회는 공동체 구성원들이 누구나 자신의 의견을 나눌 수 있는 다양한 방식과 절차를 갖추는 것이 중요하다고 한다. 그는 이를 위해 해석학적 관점에서 경험적 연구와 이론적 탐구를 통합한 새로운 사회 비판 이론을 제기하는데, 언어를 사용하는 인간과 인간의 대등한 대화에 기초한 그만의 독특한 사회 비판 이론 철학인 '의사소통이론'이 바로 그것이다. 이 이론은 사회 공동체 구성원들 사이에 자유로운 의사소통을 통해 체제의 지배로부터 자유로운 사회를 만들어야 한다고 주장한다. 사람은 가난과 같은 경제적 이유만이 아닌 다양한 문제에 처하기 마련이라며, 하버마스는 사회 안의 모든 문제는 구성원들이 자유롭고 평등한 대화를 통해 해소해 가는 것이 바람직하다고 주장한다.

그에 따르면 사회는 기본적으로 체계와 생활 세계로 나뉘는데, 사회를 구성하는 사람들 사이에 활발한 의사소통이 부재할 경우 사회는 체계에 지배당하기 마련이다. 체계에 갇힌 강제적이고 억압된 사회가 아닌 자유로운 삶이 가능한 열린 민주 시민사회에서는, 누구나 자유롭게 자신의 의사를 개진할 수 있는 기회의 평등과 합리적인 토론, 그리고 최선의 합의를 도출할 수 있는 비판적 사고가 요구된다. 이를 위해 하버마스는 합리성 이론에 대한 근거와 이해 지향적 행위의 유용성, 그리고 사회 합리화 과정의 변증법에 대해 논하며, 행위 이론과 체계 이론을 포괄하는 새로운 의사소통 행위 이론을 전개한다. 즉 그는 실증주의가 놓치고 있는 자기반성과 비판 정신을 통해 인간 해방의 가능성을 논하며, 의사소통을 통한 공론화와 일상적 생활 세계에서의 실천을 중시하는 정치적 활성화를 시도한다. 체계에 의해 움직이는 사회가 아니라 사람의 합리적 사유와 비판적 이성의 활동에 따라 운용되는 법치국가를 위해서는 무엇보다 대화에 의한 '절차적 민주주의'가 중요함을 역설하는 것이다.

우리는 무엇을 인식하고, 또 인식한 것에 관심을 표하기 마련이다. 이러한 우리들의 관심은 단순한 사물에 대한 '기술적 인식관심'과 무엇을 하고자 하는 '실천적 인식관심', 그리고 이와 달리 그것으로부터 벗어나 다른 차원을 열어가는 '해방적 인식관심'으로 나누어 생각해볼 수 있다. 그런데 건강한 사회를 위해서는 단순한 기술적 인식관심과 실천적 관심을 넘어 이데올로기 비판을 통해 해방적 인식관심으로 나아갈 수 있어야 한다고 한다. 이때 우리의 관심이 해방적 관심으로 나아가기 위해서는, 즉 모든 사회적 억압과 지배에서 해방되기 위해서는 노동과 언어, 권력이 어떻게 자연과 역사와 사회와 관련 있는지를 통찰할 수 있어야 한다. 하버마스는 이러한 통찰을 하기 위해서는 사회 비판적인 안목과 더불어 이를 뒷받침할 사회 비판 이론이 필요하다고 말한다.

하버마스의 이야기처럼 사람은 혼자가 아니라, 다른 누군가와 함께 공동체를 이루며 살아간다. 그리고 사회는 다른 무엇이 아닌 그 사회를 이루고 있는 구성원에 의하여 만들어진다. 그런 의미에서 사회의 모든 것 또한 사회 구성원이 주체가 되어 만들어가야 함이 마땅하다. 그러나 우리는 물리적 힘으로, 신의 대리자라는 이름으로, 편리함과 유용함의 원칙을 좇아, 때로는 법적 계약에 위탁하며 스스로의 권리와 의무를 방기해왔다. 그 결과 본말이 전도되어, 구성원을 위한 체계가 아니라 체계를 위한 삶, 체계가 구성원들을 억압하는 사태를 맞이하기에 이르렀으며, 우리는 그 대가를 혹독하게 지불해야만 했다. 우리가 우리의 권리와 의무를 제대로 이행하지 못하면 언제든 이러한 비극은 재현될 수밖에 없다는 사실을 우리는 지금 뼈저리게 느낀다.

지금도 창밖은 아직 채 지불하지 못한 대가를 지불하느라 어수선하다. 언제 우리도 이 모든 채무에서 벗어나 평등한 기회를 가진 사람들이 저마다 자유로이 의견을 개진하며 합리적으로 사고하고 토론하며 서로 원활히 소통하고 바람직한 합의를 만들어가는 조화로운 사회, 그리고 이에 의해서 운영되는 열린 부드러운 사회를 만들어갈 수 있으려나. 너무 비현실적이고 이상적인 바람일까. 그래도 우리는 기계가 아닌 사람이기에 우리가 살고 있는 이 사회에 대한 관심을 결코 놓거나 이월시킬 수 없다. 우리가 진 이 채무를 다음 세대에 넘겨줄 수 없기 때문이다. 아직도 냉전 체제의 흔적인 이데올로기로 분열된 사람들, 계층 간의 단절과 소득 분배의 간극으로 심화된 문제들. 가야 할 길은 멀고 바람은 차다. 저들을 향해야 하는 눈과 귀와 입이 바람 때문에 얼얼하다.

나이면서
내가 아닌

라캉의 구조화된 무의식

> "우리는 늘 욕망하며 있다."
> − **자크 라캉**

좋은 대학을 졸업한 여성이 좋은 직장을 다니다 좋은 신랑을 만나서 시집을 가는데 걱정이란다. 아무것도 할 줄 아는 것이 없다고. 말이 될 것 같지 않지만 맞는 말이다. 그녀는 주어진 것, 주어진 길, 주어진 규칙, 주어진 틀 안에서 성실하게 열심히 산 분명히 착하고 모범적인 여성이다. 하지만 세상에는 틀이 없이 내가 틀이 되어야 하고 틀 밖에 처해야 하는 경우가 허다하다. 어렸을 때는 비교적 일정한 틀 안에 사는 일이 많지만 어른이 되면 될수록 틀이 없는 세상에 내던져져 나의 의지와 관련 없이 마주해야 하는 일들이 참으로 많다. 계획대로 되지 않는 변화무쌍한 우연 앞에서 모범생은 사회의 낙제생이 되고, 학교 때 문제아가 사회의 능력자가 되기도 하는 까닭이다. 기존의 규칙을 성실히 잘 따른 반복된 틀 안의 모범생과 달리 문제아들은 어릴 때부터 조기교육(?)을 한 탓일까.

프랑스의 구조주의 정신 분석 학자인 자크 라캉(Jacques Lacan, 1901-1981)은 이에 대해 이유 있는 근거를 제시한다. 그는 프로이트 처럼 의식과 무의식을 이야기하기는 하나, 프로이트와 달리 무의식 이란 구조화된 의식이라며 의식과 무의식의 관계를 재설정한다. 이 에 대한 구체적인 내용은 라캉이 강의와 논문을 모아서 1966년 출 간한 대표 저서 『에크리Écrits』에서 구체적으로 전개된다.

라캉은 초현실주의에 입각하여 세계를 현실계와 상상계, 상징계 와 실재계로 구분한다. 현상하는 사물의 세계인 '현실계'는 시간적 으로 선행하는 실재 세계를 가리킨다. 사람은 현실계에서 자아의 결 여를 경험하며 모든 것을 자기 안에 내면화하려는 욕구를 가진다. 그 대표적인 것이 생존을 위한 욕구인 성적 욕망이다. 성적 욕망이 누구에 의해 어떻게 주어지는가에 따라 성적 자아가 형성된다며 라 캉은 성적 정체성을 문화, 사회적으로 형성되는 것으로 이야기한다.

우리가 살아가는 세계인 상상계는 모든 것이 이미지화된 세계로 일명 거울 단계다. 사람은 이 단계에서 자신을 인식하기 시작한다. 사람은 진짜 자신과 보이는 상像으로서의 자기와의 관계에 따라 분 열과 불안, 혼란을 겪기도 하는데, 거울에 비친 상을 이상향으로 여 기는 사람들은 실현될 수 없는 꿈을 좇아 늘 욕망하며 참자아를 소 외시키기 때문이다.

그리고 상징계는 자아를 대상화하는 상상계와 달리 실제로 주체 가 거하는 세계로, 주로 언어로 의미를 담아가는 세계다. 소쉬르의 말처럼 우리는 기의와 기표 사이에 의미를 가지는 하나의 상징체계 안에서 살아간다. 우리는 이 세계에서 우리보다 먼저 체계화되고 구조화되어 있는 상징체계 속으로 유입해 들어간다. 언어를 통해 구조화되어 있는 상징계는 언어를 매개로 세계를 추상한다. 그러나 언어가 실재하는 세계를 그대로 드러내 보여주지 못하듯이 상징계 역시 실재하는 세계를 온전히 다 드러낼 수는 없다. 우리는 단지 언어에 의해 상징화되어 있는 한에서만 살고 말할 뿐이다. 우리는 상징계 안에서 상징을 습득하며 학습하며 활용하는 능력을 배워나가며, 이 세계에서 타자와 더불어 사회, 문화를 형성하고 관습과 질서에 순종하며 있다. 욕망은 '나'가 아닌 나 이외의 다른 곳에서 즉, 문화와 관습의 이름으로 서로의 욕망을 서로에게 투영하며 있는 것이다.

실재계는 언어로 구조화되는 상징계와 달리 우리가 무엇으로 말하든 관계없이 존재한다. 우리 눈앞에 펼쳐져 있는 이 실재계는 언어에 의해 태어난 세계가 아니라 그저 있는 세계다. 누가 어떻게 말하고 생각하고 이야기하며 기호화하는 것과는 아무런 관계가 없는 세계, 그것이 실재계다. 언어화되고 기호화되기 이전의 세계인 실재계를 우리는 끊임없이 언어화하고, 기호화하며, 상징화하고 있다. 그러한 면에서 보면 언어는 실재를 드러내기보다는 오히려 가린다고도 할 수도 있다.

우리는 실재계를 보고자 하나 볼 수가 없다. 그렇기에 우리는 늘 욕망한다. 마치 부재를 통해 존재를 이야기하듯이 우리는 결핍을 통해 실재를 이야기하며 있을 뿐이다. 실재는 상징계의 작용을 통해 모습을 드러내진 않지만 그렇다고 없는 것은 아니다. 실재는 언어화되지 않고 구조화되지 않으며 논리적이지 않을 뿐 없지는 않다. 그러한 면에서 어쩌면 이해하기 어려운 기괴한 이야기, 내면에 감추어져 있는 욕망들이 더 실재적이라 할 수도 있다. 실재는 우리가 이해할 수 없는 영역에 자리하면서 우리가 언어화하려고 하면 할수록 모습을 감춘다. 그러므로 우리는 그 무엇도 완벽하게 단정할 수가 없다.

나는 어떤 세계에서 살아가고 있나. 내 안에 내재화된 결핍으로 인하여 아직도 거울 단계에서 참된 자기를 소외시키고 채울 수 없는 욕망을 쫓고 있나. 아니면 상징계에서 다른 사람이 투영한 욕망에 쫓기고 있나. 그도 아니면 이렇게 저렇게 이야기되고 회자되는 일들에 거리를 두고 나만의 세계를 살아가고 있나.

우리의 아이들은 어떻게 크고 있나. 어른들이 아이들의 끓어오르는 생명력을 일정한 기호체계 속에 가두며 잘한다 못한다 외치고 있진 않은가. 그래서 아이들의 얼굴에 기쁨이 사라지고 그저 사육되는 가축처럼 시간과 공간을 오가고 있는 것은 아닌가. 우리가 원하는 것은 전혀 다른 세계를 알지 못하는 단지 숙달된 기능인, 전문인인가. 공부 잘하는 착한 아이라고 좋아할 것도 그렇지 않은 아이라고 낙담할 일도 아니다.

라캉은 한 사람의 인격 형성은 처음 누구를 어떻게 만나는가에 달려 있다고 한다. 이 말은 어린 시절의 교육의 중요성을 일깨운다. 그런데 우리의 아이는 지금 누가 돌보고 있는가. 무엇을 위해 우리는 아이를 누구에게 위탁하는가. 우리나라에서는 누가 유치원 선생이 되나. 자신의 의사 표시를 제대로 하지 못하기에, 사회에서 경제활동을 하고 있지 않기에, 투표권이 없기에, 모든 논의와 참여와 주장에서 생략되고 배제되는 아이들의 문제, 우리의 방치가 유치원의 폭력 사태만이 아니라 사회의 온갖 사고를 일으키는 인물들을 낳는 것은 아닌지 이제는 물어봐야 한다.

다수를 위한
평등의 사다리

벤담의 복지 국가

> "국가는 최대 다수의 최대 행복을 위해
> 요람에서 무덤까지 책임질 수 있어야 한다."
> – 제러미 벤담

출생률 감소가 심각하다. 이는 폐교 문제로 불거지고, 군대는 기계화를, 회사는 자동화를 추진하고, 선거에서는 지역구 확대를 고려한다. 침묵의 봄처럼 아이가 사라지는 사회, 한때는 둘만 낳아 잘살자 하더니, 한 가정 한 자녀 갖기 운동의 효과가 지나친 탓이었을까, 이제 우리는 인구 감소를 염려하고 있다. 무엇이 문제일까.

왜 젊은이들은 아이를 낳지 않는 것일까. 이들의 선택이 옳고 그름을 논하기 전에 왜 그들이 그런 선택을 하기에 이르렀는지, 그들의 선택이 과연 그들만의 선택이며 그들이 진정 원하는 선택인지를 묻지 않을 수 없다. 이 땅에서 결혼을 하고 아이를 낳고, 교육을 한다는 것은 무엇을 의미하는가. 특히 여성으로 살아간다는 것은 무엇을 감내해야 하는 것이고, 남성으로 산다는 것은 무엇을 감당해야 하는 것일까. 예전 어른들은 "자기가 먹을 것은 다 갖고 태어난다"라고 이야기하셨다. 하지만 지금은 할머니의 양육과 할아버지의 경제력이 보장되지 않는 한 결혼도 아이도 기대하기 어렵다. 인간으로 누리고 가져야 하는 가장 기본적인 요소조차 이렇게 놓아버리고 있는데. 국방의 의무, 세금의 의무를 부여하는 국가는 무엇을 하고 있는 것인가. 도대체 국가란 무엇인가. 국가는 어떠해야 하는 것인가.

영국의 제러미 벤담(Jeremy Bentham, 1748-1832)은 국가의 역할과 의무를 국민의 "최대 다수가 최대의 행복"을 누릴 수 있도록 "요람에서 무덤까지" 행복을 보장하는 복지국가로 이야기한다. 동기보다 실질적인 행위의 외적 결과들을 중요시하는 그는 모든 사람이 평등하게 존중받는 민주적 질서를 위해 수학적 엄밀성에 기초한 '최대 다수의 최대 행복'을 국가의 중요한 원칙으로 삼는다. 1789년에 쓴 『도덕 및 입법 원리 입문Introduction to the Principles of Morals and Legislation』에서 벤담은 사람은 누구나 쾌락을 원하고 고통은 피한다며 쾌락과 고통에 따른 승인과 부인을 선과 악으로 환원·계측한다. 즉 쾌락이 가지는 '강도'와 '지속성' 그리고 '확실성'과 '근접성'을 근거로 하여 쾌락의 '다산성'과 '기회', '순도', '상황', '범위' 등을 계측하며 한쪽으로는 쾌락의 값을, 다른 한쪽으로는 고통의 모든 값을 놓고 이를 가감하여 최대다수의 최대행복이라는 '공리주의' 원칙을 세우는 것이다.

공리성의 원칙에서 보면 국가도 악의 요소가 전혀 없는 것은 아니다. 그러나 더 큰 악을 방지하기 위해 국가가 필요하다. 그렇기에 벤담은 최소의 국가를 지향한다. 국가는 공동체 전체를 위해 필요한 최소한의 처벌을 원칙으로 하며, 그 처벌도 최대의 효과를 위한 최소의 처벌이어야 한다는 것이다.

이처럼 모든 것을 전체의 행복 증대를 위한 방향으로 피력하는 벤담은 법을 성문화할 것을 주창한다. 최대 다수의 최대 행복이라는 공리주의의 원칙이 완벽한 국가를 보증하는 것은 아니지만, 국가는 특정한 개인의 영리나 명예, 그리고 성취가 아닌 모두를 위한 공공성을 바탕으로 운영되어야 한다는 것을 표방한다는 면에서 벤담의 공리주의는 국가의 존재 이유와 역할에 대해 상당한 설득력을 가진다. 적어도 국가는 국민의 행복을 위해 노력해야 한다는 것, 그것이 지켜지지 않는 사회, 국가, 정부라면 도대체 무슨 의미가 있겠는가. 국가가 국민을 위해 무엇을 해줄 것인가를 생각하기 전에 국민이 국가를 위해 무엇을 할 것인가를 생각하라는 케네디의 명연설도 벤담의 이야기가 먼저 이행되어야 설득력이 있다.

단순히 개인의 차원을 넘어 사회 공동체의 해체라는 국가 안보적 문제로까지 이어지고 있는 인구 절벽은 단순히 출산 장려금을 준다고 해결될 문제가 아니다. 현 사회에서 결혼 기피와 출산 거부는 보다 근원적이고 근본적인 문제와 밀접하게 연관되어 있다. 우리 사회 깊숙이 만연하는 가부장적 문화와 과시와 무시의 문화는 천박한 자본주의와 결합하여 무한 투쟁을 낳고, 이는 불필요한 학벌 사회로 이어지며, 천문학적 사교육비 문제를 가져온다. 이로 인해 가중된 사회적 억압은 도덕의 상실과 가정의 해체, 삶의 무의미 등과 같은 다양한 사회 병리 현상을 낳으며 아무도 행복하지 않은 사회, 행복을 계측할 수 없는 불투명한 미래로 우리 모두를 이끈다. 이러한 문제 앞에서 국가는 어떻게 해야 하는 것일까. 이 땅에 살아가는 사람들이 진정으로 평안하고 행복할 수 있다면 누가 무어라 하지 않아도 우리 모두 아빠 엄마가 되지 않을까.

사회적인 문제를 개인에게 일방적으로 던져 놓고 이를 감당하지 못했다고 지탄하는 일이 얼마나 많은가. 군대에서 벌어지는 안타까운 일도 아이들이 유약해서, 부모가 과잉보호를 해서라고 일방적으로 몰아붙일 수만은 없다. 고정된 철책선의 길이와는 달리 점점 줄어드는 사병들의 수, 그에 반하여 늘어나는 임무, 고등교육을 받은 아이들이 지향했던 가치와 너무도 다른 화석화된 체제와 단절된 사고의 강제 앞에 아이들을 내몰고 그것이 너희가 짊어져야 하는 일이라 한다면 그것도 너무 무책임한 일이 아닐 수 없다.

우리에게 국가는
어떤 의미인가

홉스의 사회계약

"사회는 인간이 자신의 안녕을 위해 스스로 권리를 제한하여
사람과 사람 사이에 체결한 계약이다."
− 토머스 홉스

남자들이 가장 예민하게 느끼는 공통의 문제는 군대가 아닐까 한다.
이는 아마도 자의보다는 타의에 의해 가장 소중하고 귀중한 시간을
단절되고 고립된 곳에서 보내야 한다는 것과 그 안에서 행해지는 부
자유한 일들에 대한 거부감, 그리고 혹시도 모를 원치 않은 일들이
발생할지도 모른다는 두려움 때문이 아닌가 싶다. 혹자는 병역을 기
피하기 위해 불법을 자행하기도 하고 또 누구는 국가를 등지기도 하
지만 대다수의 힘없는 착한 시민은 국가의 부름에 기꺼이 응한다.
비록 눈물을 훔치고 내키지 않는 걸음을 내딛는다 하여도 이 나라의
착한 이들은 사랑하는 이들을 위해 국가를 수호해야 한다는 명목하
에 군대로 향한다.

그런데 군대는 왜 필요한가. 세계는 하나의 지구촌이라 할 만큼

거리가 많이 좁혀졌지만 한편에서는 여전히 여러 국가들이 독립과 자립을 위해 분쟁과 전쟁 중에 있다. 강대국 사이에서 오랜 역사를 지탱해온 우리나라도 일제 치하와 동족과의 내전을 겪었고, 아직까지도 세계 유일의 분단국으로 있다. 우리나라야 이런 상황이기에 안보를 위해 군대가 필요하고, 군대를 위해 수많은 젊은이들이 징병되지만, 그렇지 않은 나라들은 왜 군대를 필요로 하는가. 전쟁이 아닌 평화를 모두가 원함에도 평화를 위해 여전히 군대가 필요하다는 논리는 뭔가. 국가를 지키기 위해 국민이 있는가. 국민을 지키기 위해 국가가 있는 것일까. 국가가 뭐기에 헌신을 강요하고, 사람들은 국가를 위해 죽기도 해야 하는 것일까.

정치 이데올로기 다툼으로 두 동강 난 영토와 달리 우리는 유동적 주체가 살아가는 유랑 사회를 이끄는 IT 강국이기도 하다. 현대는 이전과 달리 수많은 사람들이 유학과 직장, 결혼, 종교, 정치 등의 이유로 국경을 넘어가고 넘어오기도 하는 노마디즘 사회로 빠르게 전환하고 있다. 이처럼 혈통도 지역도 종교도 정치 이데올로기도 아닌 문화와 예술을 넘어 이미지와 가상과 증강 현실로 치닫는 노마드 사회에서도 여전히 군대는 필요하고 국가는 존속되어야 하는가. 국가란 주어지는 것인가 아니면 선택할 수도 있는 것인가.

국가를 절대적인 것이 아닌 사람들 사이에 이루어진 사회계약에 의한 것이라고 처음 이야기한 사람이 바로 토머스 홉스(Thomas Hobbes, 1588-1679)다. 그는 우리가 사는 세상 훨씬 이전에, 그리고 우리와 사뭇 다른 처지에서 국가의 문제를 다루지만 지금 여기를 사는 우리에게도 여전히 의미 있는 이야기를 건넨다. 그는 당시 사회의 지적 분위기인 과학 학문의 정확성과 과학적 지식의 명증성에 깊은 영향을 받고, 사회정치 영역도 관찰의 방법과 그 관찰로 얻어진 공리에 의해 연역적으로 추론하면 보다 정확한 지식을 얻을 수 있으리라고 생각한다. 그러고는 근대 과학 학문의 방법으로 분석해 들어가 실질적인 인간과 사회 국가의 관계성을 기하학적 모델로 삼아 시민 사회 국가에 대해 설명해간다. 그것이 바로 『시민론 De Cive』(1642년)과 『리바이어던 Leviathan』(1651)이다.

홉스는 존재하는 것은 물체로 있고, 우리는 물체로 구성되어 있는 실재만을 생각할 수 있다며 자연과 인간 본성, 사회정치구조 등을 분석, 기술한다. 그에 의하면 생각이란 사물을 지각하고 난 이후 인과적 계열에 따라 진행되는 과정에서 파생된 것으로, 존재하는 모든 것은 유형적으로 드러나기 마련이다. 그런데 유형적인 것은 변화하는 과정에 있기에 모든 것은 물체의 개념과 운동으로 설명 가능하다고 한다. 정치적 집단인 국가도 그러한 입장에서 설명할 수 있다며 홉스는 국가에 역사적으로가 아니라 논리와 분석의 방법으로 접근한다. 그에 의하면 국가는 본래 자연 상태에서는 평등한 사람들이 만인 대 만인의 투쟁으로 벌어질 생존의 위협과 혼란으로부터 자신을 지키기 위해 자신의 권리 일부를 스스로 제한시키는 사회계약에 의해 생겨난다고 한다.

이는 모든 사람들에게 있는 본성과 관계된 '자연법'을 넘어 전체 사회의 평화와 질서를 위해 제2의 법 '사회계약'을 시행하는 것으로, 자연법이 자율과 도덕에 의해 움직이는 '내면의 법정'이라 한다면, 사회계약은 강제적 의무와 책임이 따르는 '외부의 법정'이다. 그런데 제2의 법은 사람과 사람 사이의 계약이 충실히 이행될 때에만 기능하기에 이를 위한 '제3의 법'이 반드시 필요하다며 홉스는 모든 시민이 법을 준수할 것을 의무화한다. 다시 말해 법이란 지켜질 때만 유효하기에 법의 준수에 따른 정의가 반드시 필요하며, 법을 준수한 사람만이 국가의 보호도 받을 수 있다 한다.

이는 법이 정의로운가가 아니라 법이 실제로 준수되는가를 문제시하는 것으로, 하늘이 낸 주권자의 명령을 시민의 의사와 동일하게 여기는 홉스가 당시 혼란한 상황을 강력한 권위주의적 정부를 통해 극복하려는 시도로 볼 수 있다. 국가는 시민들이 권리를 제한하고 위임한 계약에 의한다 하지만 그 위임을 받은 위정자는 선출에 의한 것이 아니라 하늘의 뜻에 의한다는 면에서 위정자가 어떤 사람인가에 따라 국가는 그야말로 선한 정부가 될 수도 있고 그렇지 않을 수도 있다. 다시 말해 국가는 국민들이 자신의 권리를 스스로 제한하여 위임한 강력한 힘으로 사람들 사이의 분쟁을 해소하기도 하지만 반대로 국민들의 자유와 권리를 언제든지 침해할 수도 있다는 사실을 내포한다.

그런 의미에서 홉스는 국가를 고대 신화에 나오는 괴물 리바이어던으로 비유하며 국가란 나를 위한 선이기도 하지만 때론 나에게 폭력을 행사하는 악일 수도 있다 한다. 그렇다면 국가는 선도 악도 아니라 어떤 계약을 하는가에 달려 있다고 해야 할까. 무엇보다도 중요한 것이 계약이라 한다면 우리는 어떤 계약을 맺고 있는 것일까. 오로지 우리에게는 지켜야 하는 의무만 있는가. 아니면 우리의 위임이 제대로 지켜질 수 있도록 이를 지키고 살펴보아야 하는 의무도 있는 것일까. 우리가 체결한 계약은 절대적인가 아니면 때에 따라 언제든 수정 가능한 것인가. 홉스의 국가는 적어도 국민의 안녕은 보장하는데, 그것조차도 지키지 못하는 국가, 아이들이 군대에서 죽고, 바다에서 죽으며, 학교에서 죽는 그런 국가를 위해서도 우리는 우리의 의무를 지켜야만 하는가.

우리가 희망하는 정치는
어떤 모습인가

철학자들이 꿈꾼 사회

"정치를 외면한 가장 큰 대가는 자신보다
더 멍청하고 저질스러운 자에게 지배당하는 것이다."
- 플라톤

지금처럼 정치가 사람들의 관심 한가운데 등장했던 시절이 있었나
싶다. 타의에 의해서든 자의에 의해서든 정치는 우리에게 하나의 금
기 사항이었다. 가족, 친구, 연인 사이에도 정치는 절대로 이야기해
서는 안 되는 하나의 원칙처럼 여겨졌다. 그만큼 정치는 사람들을
행복하게보다는 불편하게 해온 것이 사실이다. 그런 정치가 사람들
곁으로 다시 돌아오기까지에는 참으로 긴 여정이 있었다.

　더불어 살아야 하는 사람들이 보다 바람직한 사회를 위해 무엇을
어떻게 해야 하는가를 궁리하며 실현해가야 하는 정치는 그동안 소
수의 특정한 사람들에 의해 전유되었고, 이를 권력화하면서 무소불
위의 힘을 남용하는가 하면, 그들만의 이익을 위해 헌신하는 도구
로 변질되어버리기도 하였다. 한편으로는 알게 모르게 학습된 두려

움과 피해의식 때문에, 또 다른 한편으로는 정치에 환멸을 느끼면서 사람들은 급기야 정치에 무관심해졌다.

그러나 정치를 외면한 대가는 너무도 컸다. 그 대가로 우리는 플라톤이 이야기하듯 우리보다 더 멍청하고 저질스러운 자에게 지배당하는 수치만이 아니라 미래조차도 꿈꿀 수 없는 형국을 맞고 말았다. 사람들은 비로소 정치란 결코 삶과 결코 분리될 수 없다는 사실을 인지하고 정치를 다시 현실 안에 불러들이기 시작했다. 물론 여기에는 희생을 마다하지 않고 애쓴 많은 사람들의 노고가 있음을 기억해야 할 것이다. 그 덕분에 우리는 새롭게 정치를 이야기하는 '다움'의 시대를 맞았다. 사람은 사회적 동물로 정치를 통해 보다 사람다움을 이루어가기에 정치를 외면하고는 결코 사람다운 삶을 살 수 없다. 그것이 우리의 존재론적 구조이다. 그렇기에 정치는 결코 특정한 이들에 의해서가 아니라 우리 모두가 함께 만들어가야 하는 것이다. 사회는 저절로 이루어지는 것이 아니라 그 사회를 이루고 있는 구성원들에 의해 만들어지기에 우리의 정치 현실는 곧 우리의 자화상일 수밖에 없다.

그렇다면 지금 우리는 어떠한가. 우린 지금 어떤 정치를 원하는가. 어떤 정치가 우리 모두 바라는 사회를 이룰 수 있으려나. 우리 모두 각자가 지닌 재능과 능력을 마음껏 발휘하며, 서로 다름을 인정하면서도 조화롭게 하나를 이루어가는 그런 국가란 어떻게 이루어지는가. 고대 철학자 플라톤은 바람직한 사회를 이상 국가로 이야기한다. 이상 국가는 모든 사람이 선한 삶을 지향하는 사회로, 올바름이 행해지는 정의로운 사회다. 정의로운 사회는 욕망이나 기개가 아닌 '이성'에 이끌리는 철인哲人에 의한 정치에서 가능하다고 한다. 철인은 보이는 이 세상만이 아니라 보이지 않는 또 다른 진리의 세계인 이데아의 세계를 아는 이로, 그는 우리를 무지에 현혹되지 않도록 참다운 앎, 진리에로 이끈다고 한다. 한편 아리스토텔레스는 국가를 '정의'와 '평등'에 기초하여 사람들의 고귀한 행동을 존속해가는 일에서 찾는다. 그러므로 국가는 국민의 공통선을 위해 노력할 때 올바르게 기능하며, 그렇지 않을 경우 타락하게 된다고 한다.

개별 국가를 넘어 보편적이고 초월적인 국가에 대한 이상을 신에 의거해 실현해가고자 한 종교 공동체와 달리 르네상스 시대의 마키아벨리는 힘에 의한 통치를 주장한다. 도덕적으로 타락한 사회에서는 도덕이나 종교보다는 힘에 의한 통치가 유용하다는 것이다. 마키아벨리가 중세 이후의 혼란한 시대 상황을 극복하기 위해 무엇보다 힘에 의한 통치의 필요성을 강조한 반면 홉스는 힘이 아닌 사회계약에 따른 법을 이야기한다. 그에 따르면 만인 대 만인의 투쟁이 벌어지는 자연 상태에서 생존의 위협과 혼란을 지키기 위해서는 사람들이 권리 일부를 스스로 제한하는 사회계약법이 필요하다. 홉스는 '자연법'이 아닌 '사회계약법'과 이의 준수를 위해 필요한 '제3의 법'을 주장하며 법치라는 새로운 사회의 문을 연다.

또 존 로크는 모든 권력은 신도 왕도 아닌 국민으로부터 나온다며 천부인권과 만민 평등에 근거한 개인의 자유와 사유재산의 보호를 위한 최소의 국가를 선호한다. 그는 국가라 할지라도 개인의 신체의 자유와 권리를 침해할 수 없다며 국가 권력의 집중을 막기 위해 삼권 분립을 제안한다.

그러나 칸트는 사람은 자신이 무엇을 어떻게 해야 하는가를 알며 마땅히 이를 행하려는 '선의지'를 가지고 있다며 건강한 시민은 법과 같은 강제적 타율성보다는 자유에 기초한 자율성에 의해 살아가고, 국가란 바로 이를 지지할 수 있어야 한다고 말한다. 다시 말해 국가의 역할은 사람들이 도덕성을 발휘하도록 하는 데, 즉 법보다는 인간 이성의 자발성에 근거하여 보다 조화로운 아름다운 세상이 되게 하는 데에 있다고 하면서 도덕 국가를 주창한다.

이와 달리 헤겔은 '정의'와 '도덕'을 정립과 반정립으로 놓고 '사회 윤리'로서 이를 종합한다. 그는 도덕이라는 보편적 의지가 개인의 의지에 제한을 가하는 의무의 표현으로 자유와 의무를 이야기하는 국가를 개인들의 객관화된 정신, 즉 이성의 의지로 윤리적 이념의 현실태라 한다.

또 벤담은 최대 다수의 최대 행복이라는 공리주의에 입각하여 요람에서 무덤까지 책임지는 복지국가를 이야기한다. 국가는 일정 부분 무력을 동반한다는 면에서 해악이기는 하나 더 큰 악을 방지한다는 면에서 필요하다며 모든 것이 관습법보다는 성문법에 의해 운영되는 최소의 국가를 지향한다.

그리고 밀은 최대의 행복을 가져다줄 공리성이란 그것이 옳다고 느끼는 도덕 규칙에 따르는 것이라며, 법률과 같은 사회제도들은 개인과 전체의 조화 속에서 이루어져야 한다고 한다. 따라서 국가는

'자유의 원리'에 기초하여 선을 증진하고 이를 행하려는 의식이 사람들에게 습관처럼 작동될 수 있도록 인간성의 형성에 기여하는 교육에 힘써야 한다는 것이다.

콩트는 과학의 입장에서 사회의 구조를 결속함과 동시에 사람들의 지성과 감성을 통일함으로써 인간의 모든 행위에 목적 내지는 지향성을 고취코자 하는 데에 국가의 역할을 위치시킨다. 생존을 위해 물적 자원을 인간의 노동력과 결합시킴으로써 근대 국가의 산업을 조직화하고 노동력을 신장하는 데 크게 기여할 수 있다고 본 콩트는 인간성에 기초한 실증 국가를 주장한다. 즉 국가의 역할을 모든 국민이 최고 존재의 활동을 해나가도록 사람들의 무절제한 자유를 제한하는 것으로 보고 소수의 전문가에 의한 통치가 바람직하다고 하는 것이다.

마르크스는 우리 삶에서 가장 중요한 문제는 물질과 분배라고 한다. 그리하여 국가는 이를 효율적으로 생산하고 분배하는 일에 힘써야 한다며 경제 질서가 평등하게 구현될 수 있는 가장 바람직한 사회 형태로 공산사회를 제시한다.

그러나 아도르노는 공산 사회도 전체주의도 자본주의도 아닌 기존의 모든 것들을 늘 달리 사유하며 새롭게 만들어가는 예술 사회를 제안한다. 예술 사회는 모든 차이를 하나로 조화롭고 아름답게 만들어가는 사회로, 어느 것 하나를 절대화하지 않는 역동적인 사회를 일컫는다. 한편 하버마스는 건강한 사회를 위해서는 자기반성과 비판 정신을 통해 인간 해방의 가능성이 주어져야 한다며 정치적 활성화를 통해 민주적 법치국가를 위한 절차적 민주주의를 중시한다. 위에서 아래로가 아니라 반대로 아래에서 위로 향하는 실질적 민주 절차에 따른 대화와 합의에 의한 민주정치를 구현하는 데 국가의 역할을 둔다.

이 외에도 푸코는 효율성에 기초하여 발달된 기기로 사람들을 통제하려는 감시 사회를 경계하고, 들뢰즈는 지나치게 인간 중심적 사회가 가지는 문제를 예리하게 지적하며, 데리다는 다양한 소수자들의 권리를 증진하기 위해 다문화 사회를 주창하는 등 지금도 여전히 많은 사람들이 보다 바람직한 사회, 공동체, 국가, 그리고 인류를 위해 나름으로 고심하며 있다.

그렇다면 우리는 어떤 공동체, 국가 사회를 꿈꾸는가. 여전히 색깔론에 흑백 논리에 자본의 논리에 붙들려 있을 것인가. 아니면 이전과는 전혀 다른 새로운 국가, 사회, 공동체를 이루어갈 것인가. 우리는 무엇에 근거하여 새로운 사회를 국가를 공동체를 이루어가고자 하는가. 혈통인가 지역인가, 아니면 이념인가. 종교인가, 법인가, 그도 아니면 문화 예술인가, 기술 정보인가. 아니면 이미지와 상상력인가. 도대체 우리는 이 사회, 국가, 공동체를 어떻게 만들어나가기를 원하는가.

진보와 몰락의 경계에서
어떤 선택을 할 것인가

코스타, 통찰의 힘

"통찰의 힘을 배양하기 위해 우리는
운동, 휴식, 식사, 수면을 충분히 취해야 한다."
— 리베카 코스타

매달 매년 갱신되는 기록들, 미세먼지와 오존, 황사의 농도와 횟수
는 물론 폭염과 한파, 가뭄과 홍수와 폭설이 널뛰기를 하고, 빈번해
진 지진과 화산 활동과 해일, 예사롭지 않은 분쟁과 갈등, 심각한 경
제와 식량과 전염병, 사람만이 아니라 동식물까지 지구촌 전체가 몸
살이다. 그래서인지 식량의 무기화, 자원 전쟁, 경제의 정치학, 기후
난민 등 이전에는 듣지 못했던 신조어가 방송에 자주 등장하고 서점
에는 그에 관한 책들이 즐비하다.

생각해보면 이런 일은 언제나 있었던 것 같지만 미국의 사회생물
학자인 리베카 코스타(Rebecca Costa, 1955-)는 지금의 이 상황을 현대
문명의 경고로 받아들여야 한다고 이야기한다. 지금 우리는 진화와
몰락의 경계에 서 있고, 잠들지 않고 어두운 거리를 다니며 다가오

는 위험을 감지하고 사람들에게 알리는 파수꾼처럼, 우리는 지구촌에서 벌어지는 징후들을 과부하가 걸린 현대 문명사회가 내는 경고음으로 들어야 한다는 것이다. 그리고 실제로 번창했던 인류사의 문명들이 어떻게 몰락의 과정을 가져왔으며, 그 몰락의 과정에는 어떠한 패턴이 있는지를 알아, 오늘 우리가 맞고 있는 이 위기를 극복해갈 것을 청한다.

리베카 코스타는 이를 위해서는 인식이 아닌 통찰의 힘이 중요하다고 한다. 그녀는 우리의 오래된 믿음이 어떻게 거대한 장벽이 되어 말과 문자를 매개체로 하여 세대를 넘어 보존, 전파되는 일종의 거대한 문화적 유전자라 하는 슈퍼밈Supermeme의 역할을 하고 있는지를 통찰의 힘으로 알아내야 한다는 것이다. 그리하여 자유선택이라는 환상이 주는 불합리한 반대, 개인에게 책임을 전가하는 시스템, 합의에 의해 만들어지는 거짓 상관관계, 분리된 용기식 사고라 할 고립된 사일로silo식의 사고로 인한 오류, 경제 우선주의에 매몰된 극단의 경제학, 그리고 이로부터 야기되는 문제들을 직시하고 이를 시정해가야 한다는 것이다.

코스타는 인식이 아닌 통찰의 힘으로 믿음과 지식의 균형 감각의 회복과 지나친 속도전에 따른 복잡성의 증가에 대해 균형감각을 가질 것을 이야기한다. 이러한 통찰의 힘을 배양하기 위해서는 무엇보다 운동, 휴식, 식사와 수면 같은 것들이 중요하다며 생활 속 아주 작은 일들의 중요성을 역설한다. 코스타의 이러한 주장은 문제의 거대함에 비해 아주 미미한 웅대 같지만 사건의 복잡성과 붕괴의 고리를 충분히 이해하면 그녀가 왜 이러한 주장을 하는지를 알 수 있다.

코스타에 의하면 더디게 진행되는 인간의 진화와 빠른 사회 발전의 격차가 인류 문명에 답보와 쇠퇴를 부르기 때문이다. 즉 인간의 뇌가 빠르고 복잡하게 변화하는 세계에 제대로 대처할 수 없기 때문에 현대 문명사회가 가지는 장기적 거대 위기, 그 복잡성에 대처할 능력을 갖추기에는 한계가 있다는 것이다. 이러한 한계에 대한 증상은 두 가지로 나타나는데 그 하나가 '정체 현상'이며, 또 다른 하나가 '믿음이 지식과 사실을 대신하는 현상'이다. 그녀가 볼 때 지금 우리는 구석기 시대의 감정과 중세의 제도와 신과 같은 과학기술을 가지고 있는바, 복잡성에 대한 대처를 믿음으로 쉽게 안위해버린다는 것이다. 바로 그것이 오늘 우리를 위기, 즉 인류의 진보와 몰락이라는 경계선에 이르게 한다.

이를 극복하기 위해서는 단편적인 사일로적 사고가 아닌 전체를 파악할 수 있는 통찰의 힘이 필요하다. 통찰은 복잡한 문제를 개인의 책임으로 돌리며 쉽게 안위하거나 서로 모순되는 주장을 하지 않고 새로운 지식을 창출하게 하는 힘이 있다. 따라서 통찰의 힘을 통해 인류가 현재 처해 있는 상황을 잘 극복해간다면 우리에게 희망이 전혀 없는 것은 아니라 하며, 코스타는 지금 우리에게 어떤 선택을 할 것인가를 묻는다. 통찰인가 인식인가. 진보인가 몰락인가. 지금처럼 살 것인가 다른 삶을 살 것인가. 환경을 위해 탄소 배출을 줄여야 한다고 하면서도 휘발유 값 인상에 반대하고, 쾌적한 환경은 원하지만 소형차보다 중형차를 선호하고, 미세먼지를 걱정하면서도 일회용품의 소비를 줄이지 않으며, 인류에 위협이 되는 핵 발전과 무기는 반대하면서도 전력 소비는 늘려가고, 갈등은 원하지 않지만 자기 종교의 확장은 구하는, 평화는 원하지만 대화보다 응징을 불사하는, 서로 모순된 주장을 아무렇지도 않게 하는 사람, 사회, 정부, 인류에게 그녀는 지엽적이고 말단적인 판단과 선택이 아닌 통찰에 근거한 판단과 선택을 해나갈 것을 청한다.

우리가 진보와 몰락이라는 아주 예리한 선 위에서 베이고, 피가 나도 아무런 통증을 느끼지 못하는 것은 과학 만능이라는 최면제 때문인가, 습관화된 낙천주의 때문인가. 아니면 이 모두가 같이 있는 공상적 망상 때문인가. 시급하게 대응해야 함에도 여전히 이전의 습관을 이어가고 있는 우리는 정말 달리 살고자 하는 의지가 있는 것인지. 아이들을 사랑한다 하지만 정말 그들이 살 수 있는 세상을 만들려 노력하지 않는 어른들. 경고음은 오늘도 또 갱신하며 그 심각성과 위기를 알리고 있는데, 눈이 문제인가 귀가 문제인가. 아니면 우리 마음이, 의지가 문제인가. 도대체 뭐가 문제이기에 아직도 우리는 변화를 구하지 않는가. 정말 코스타가 말하듯 우리 안위에 대한 믿음은 우리를 천국이 아닌 몰락으로 인도할 것 같은 하늘이고 날이다. 혹 우린 이미 절망해버린 것은 아닌가.

세울 것인가
허물 것인가

하이데거의 고향 상실

> "현대의 기술을 속속들이 지배하고 있는 탈은폐는
> 도발적 요청이라는 의미의 닦아세움의 성격을 가진다."
>
> —마르틴 하이데거

도시는 온통 공사 중이다. 지하철 건설로, 재건축으로, 도로 확장으로. 내비게이션 없이는, 아니 내비게이션이 있어도 길을 찾기가 쉽지 않다. 어느새 새로 생겨난 건물과 도로를 내비조차도 인지하지 못할 때의 당혹감이란. 신기루처럼 수시로 달라지는 도회지의 풍경, 이제 나의 살던 고향 꽃피는 산골은 재개발 현수막과 중개소들이 도열해 있는 투기의 장소가 되어버렸다. 사거리 다방이 비켜난 자리에는 모텔과 커피숍이 위아래로 사이좋게 들어섰고, 마음씨 좋은 아줌마의 슈퍼에는 다세대 주택이 세워진 지 오래다. 아이들의 웃음소리가 끊이지 않던 초등학교 운동장은 주차장과 체육관에 자리를 내어주고, 버드나무 그늘 아래 부채질을 하던 어른들은 어디론가 사라졌다.

인구 절벽을 염려하는 사회와 달리 대학은 빈터마다 강의실인지

회사 별관인지 모를 건물들을 들이기 바쁘다. 친구들과 담소를 나누던 교정의 잔디밭과 과제를 하던 동아리방은 온갖 브랜드의 상점들이 입점한 아케이드가 되었다. 이제는 쉬는 것도 공부하는 것도 친구와 만남도 사계절을 잃어버린 공간 안에서 돈을 지불하고 해야만 한다. 우리는 그곳에서 꿈을 꾸고 뜻을 가지고 지식을 구하는 것이 아니라 실력을 쌓고, 스펙을 쌓고, 경력을 쌓고, 쿠폰을 쌓고, 빚을 쌓는다.

쌓는 것은 그것만이 아니다. 우리의 시선도 건물의 높이를 따라 점점 높아져만 간다. 높아진 도심의 건물은 산을 가리고, 한강변의 아파트는 강을 가리며, 잠실벌의 백화점은 달을 가린다. 화려한 조명은 사람을 가리고, 하늘로 난 길은 자연을 가린다. 세우고 쌓고 채운 것들이 우리를 우리답게 하는 모든 것들을 가려버린다. 서로에게 가려지고 지워지지 않기 위해 더 높이 더 많이 더 빨리 세우고 쌓아가는 이 밀림의 도시. 거기에 더 이상 사람은 없고, 사람 같은 이들만 있다. 사람처럼 보이고 사람처럼 사는 것 같으나 사람은 아닌, 획일화되고 수치화되고 사물화되고 계량화된 사람 같은 이들만이 있을 뿐이다. 더 이상 사람을 잉태하고 키우고 살아갈 수 없는 이 도시에서 우리는 사랑할 수도 없고 사랑하지도 않는다. 만약에 있을 일에 대비하여 보험을 들듯 사람들은 그저 만나서 서로를 관리하고 관리받을 뿐이다. 사랑이 부재한 사회, 그래서 단순한 메커니즘에 의해 유지되는 사회, 그 사회에서 우리는 살아남기 위해 무엇이든 쌓아가는 실력을 연마하며 성공을 기원한다.

뭐든지 세우고 쌓고 채워가는 사회, 사회는 건물로, 집은 전자제품으로, 사람은 욕망으로 채우고 척하다 체한 사람들은 온갖 체증에 미쳐가는 듯하다. 이를 가능하게 한 과학기술은 한때 우리에게 새로운 유토피아를 열어줄 것처럼 환상을 심어왔다. 경제적이고 효율적이라는 명목하에 편리함과 풍요로움을 제공하며 온갖 건물과 상품과 욕망의 나무를 최고층, 최대의 단지로 식재해갔다. 그 결과 우리의 거주 공간인 삶의 터는 바람과 빛을 불러 쉼을 주는 푸른 그늘과 맑은 냇물 대신 미세먼지와 오존, 전자파와 소음이 가득하다.

하이데거는 이런 현상을 '고향 상실'로 정의한다. 고향은 내가 태어난 곳, 조상 대대로 살아온 곳을 뜻하기도 하지만 마음속 깊이 간직한 그립고 정든 곳, 무언가 친숙한 분위기를 느끼는 곳을 의미하기도 한다. 마치 엄마처럼 누구나 그립고 안기고 싶은 인간 본연의 마음을 잉태하는 바로 그곳, 어떤 사물이나 현상이 처음 생겨난 곳이기도 하다. 그런 의미에서 하이데거는 인간이 고향으로 향하는 것을 인간 본연에로 향함, 그리고 진리에로 향함이라고 이야기하며, 고향 상실의 문제를 인간 본래성의 훼손으로, 그리고 진리의 망각으로 논한다. 특히 1938년과 1962년에 쓴 『세계상의 시대 Die Zeit des Weltbildes』와 『기술과 전향 Die Technik und die Kehre』에서 그는 도대체 우리는 무엇을 위해 어디로 가고 있는지, 왜 그렇게 내달리며 자신을 닦달하는지, 삶의 터인 거주 공간이 왜 그렇게 사라지는지 묻고 답하며, 과학이란 이름으로 도시화란 이름으로, 그리고 발전이란 이름으로 제2차 세계대전의 폐허 위에 지어지고 채워지는 문제들을 심도 있게 논의한다.

그런데 반세기도 훨씬 지난 지금, 그의 물음이 우리의 물음이 되었다. 왜 우리는 지금도 여전히 세우고 올리고 채우는 데 급급할까. 그것이 진정 우리 삶을 더 유용하고 풍요롭게 하기 때문인가. 그 견고한 당위성은 어디에서 오는 것일까. '있는 것이 아름답다'는 오래된 서양 사유의 전통에서 오는 것인가. 개똥밭에 굴러도 이승이 좋다는 우리의 오래된 이야기처럼 없는 것이 아닌 있음에 대한 절대적 신뢰와 지지 때문인가. 어쩌면 이는 일정한 시간과 공간을 살아가는 사람이 가지는 어쩔 수 없는 한계인지도 모른다.

하지만 누구의 말처럼 쉼표도 악보의 일부분이듯 조금이라도 덜어내고 지우고 비움은 결코 허비도 낭비도 아니다. 오히려 빈 공간에서 우리는 숨 쉬고 산다. 이제 우리는 이러한 다른 차원도 볼 수 있어야 하지 않을까. 빈 공간은 말 그대로 무의미한 것이 아닌 다른 차원을 향한 열림이다. 우리는 빈 공간에서 다른 가능성을 엿보고, 무한한 상상력을 펼치고, 여유를 가지며 새로움을 잉태한다. 그런 의미에서 공간의 사라짐은 단순한 공간이 다른 것으로 대치되는 것이 아닌 사람의 사라짐, 생명의 사라짐을 의미한다면 지나친 생각일까. 한데 우리는 무엇을 위해 무엇을 그토록 세우고 채우고 쌓아가려 하는가. 오늘도 우리의 거리는 공사 중이다. 그것이 가져다줄 이익이 얼마인지를 미리 계산하면서 우리는 그렇게 살고 있다. 정말 우리는 살고 있는 것일까.